服装直播销售

主播打造 + 爆款优化 + 带货技巧

谭　静◎编著

LIVESTREAMING SALES

中国铁道出版社有限公司

CHINA RAILWAY PUBLISHING HOUSE CO., LTD.

内 容 简 介

如何进行服装直播销售？如何打造主播形象，成为销售高手？如何利用服装直播玩转电商销售？如何更好地提升服装商品转化率？

对于上述问题，可以从本书中找到答案。即使是服装直播小白，也能快速进行服装直播带货。

笔者在结合自身服装直播销售经验，收集、分析、提炼多方面服装直播销售资讯的基础上，总结、分类、归纳，从而打造出一套关于服装直播销售的手册。

本书从服装直播、了解直播、直播机构、知识储备、达人主播、人设魅力、吸引粉丝、深挖卖点、带货技巧、直播技巧、销售心得11个角度，对服装直播销售实战的相关内容进行全面解读，帮助读者快速玩转服装直播销售，用较短的时间入门服装直播销售行业，更快地掌握服装直播销售工作。

本书几乎适合所有想从事服装直播的用户，特别是想通过服装直播带货销售、成为带货达人、提高自身商业价值的人士，还适合服装销售相关行业的工作者。

图书在版编目（CIP）数据

服装直播销售:主播打造+爆款优化+带货技巧/谭静编著.—北京：中国铁道出版社有限公司，2021.1
ISBN 978-7-113-27254-8

Ⅰ.①服… Ⅱ.①谭… Ⅲ.①服装-网络营销-研究Ⅳ.①F768.3

中国版本图书馆CIP数据核字（2020）第171309号

书　　名：服装直播销售：主播打造+爆款优化+带货技巧
作　　者：谭　静

责任编辑：张亚慧	编辑部电话：(010)51873035	邮箱：lampard@vip.163.com
编辑助理：张秀文		
封面设计：宿　萌		
责任校对：苗　丹		
责任印制：赵星辰		

出版发行：中国铁道出版社有限公司（100054，北京市西城区右安门西街8号）
印　　刷：三河市宏盛印务有限公司
版　　次：2021年1月第1版　2021年1月第1次印刷
开　　本：700 mm×1 000 mm 1/16　印张：18.25　字数：297千
书　　号：ISBN 978-7-113-27254-8
定　　价：59.00元

服装直播，引领未来趋势

2020 年，直播开始进入了一个大爆发期，无论是平台新增量、用户使用频率、用户增长速度，还是资本活跃度都创下新高，这也预示着直播行业已经到了一个新的"风口"。每一个风口都代表机遇和挑战，都会给当时的个人、商家、社会和经济带来巨大的变化。服装直播就是在由直播带来的消费方式、商业模式的转变下开始展露自己的尖尖荷角的。

在如今的消费模式中，线上购物已经成为一种新的消费模式，而现在这种消费模式又迎来了新的改变：由一开始的识图选货来购买商品，已经演变成由专业主播借助网络直播的传递方式，向消费者实时展示商品、销售商品。

本书详细讲解了服装直播销售的相关资讯信息和带货技巧，如果你认真研读，相信一定可以从中得到你想要的信息和启发。

当我第一次进入服装相关行业时，我就明白，服装市场的无限商机和潜力永远会吸引一批又一批的人来接触这个行业。而现在，线上网购消费模式给传统的线下服装行业带来了经济效益上的冲击，当线下购物不再具有显著优势时，也就预示着未来将会有更多的人选择在网络上购买服装、挑选服装。

在我决定进入服装直播销售行业前，直播销售还没有像现在这样，有着无限商机和无限可能性。一次机缘巧合，让我开始从事服装直播销售相关工作，我的人生也因这一次选择而走向了新的征途，在这个充满机遇和挑战的征途里，我成长了很多。

那时，我并不知道我的人生会因这个选择而有什么不同，但现在当我回过头，看着在服装直播销售行业中一路走来的自己，我才意识到这一次选择，带给我的是翻天覆地的改变。我很庆幸，我得到的远比我想象中的要多得多。

本书涵盖 11 个专题精讲，具有如下三大特色：

（1）内容较详细，体系较完整。是一本可以让服装直播小白深入学习服装直播带货技能的书籍，能让读者通过服装直播来带货，知道自己应该如何优化爆款、获得流量等。看完本书，读者将了解服装直播销售的各种带货技巧，快速成为专业的服装销售主播。

（2）技巧较全面，招招干货。本书精选了服装直播销售案例以及常用的服装销售引流技巧，针对实际的服装直播销售现状进行分析，同时提供了服装直播销售的各种技巧。从新手入门，到了解服装直播，到学会服装直播，到精通服装直播，招招干货，全面讲解。

（3）带货技巧，案例精讲。本书详细介绍了如何优化服装的卖点，以及服装直播的带货技巧，使服装产品呈现最大化的价值，帮助服装主播用优质的产品赢得粉丝的心，书中还讲解、展示了服装直播的众多案例，帮助读者快速精通服装直播带货。

最后，非常感谢购买本书的读者，希望本书可以帮助你，通过本书来开启服装直播销售之旅。由于作者知识水平有限，书中难免有错误和疏漏之处，恳请广大读者批评、指正、沟通和交流，请联系微信：15111013805。

编　者

2020 年 9 月

| 目 录 |

第 8 章　深挖卖点：用优质的产品撩动粉丝的心　/　181

第 1 章

服装直播：一个巨大的
蓝海市场等待开拓

直播的火热基本成为一个共识，面对直播这块大蛋糕，我们如何比较容易地领取到属于自己的那一份？服装直播一直存在却一直没有规范性，人们并没有认识到其重要性，或许这就是一个契机。本章将介绍直播中有关服装直播的一些基础知识。

1.1 了解现在市场关于服装直播的不足

纵观市面上的服装直播，其基本被归属在时尚板块中，并没有单独的服装直播板块，对于服装直播也没有重要的介绍和讲解。这是由于没有对服装直播进行垂直化、深入化的细分。

服装直播给你的第一印象可能就是淘宝、天猫之类的购物平台，这些平台中的模特身穿服饰，利用突出服装细节对衣物进行效果的展现。

这些服装展现的方法非常简单，给人一种平面的视觉效果，但无法让购买者根据自己的实际情况做出正确的选择，毕竟不同的人其身材也不一样。图 1-1 所示为淘宝网站中模特所穿的衣服和服装的细节照片。

图 1-1　衣服和服装的细节展示

1.1.1 隐藏在视频直播之下

如今直播市场如火如荼，大量的直播平台、直播主播、直播机构纷纷涌现，甚至用疯狂来形容也不为过。

很多人还在直播领域中犹豫、蠢蠢欲动时，已经有无数的企业或个人在直播这块土地上开辟了属于自己的"领地"，并且赶上了好时候，获得了巨大的名利和财富。这些现状太吸引人，也太刺激人了。直播的迅速发展，无时无刻不在吸引着各行各业的人跃跃欲试。

直播市场的内容越发新奇、新颖、奇异。无论是大众领域还是冷门行业都有不同的人在参与直播。直播的内容也是包罗万象，几乎涉及各个产业，只有你想不到的，没有其做不到的大部分人都可以通过合适的社交网站、App 来搜索自己想看的内容。

现在已经进入视频时代，与日常生活相关的美食、美妆、时尚等直播正在繁荣发展，并且其不断地在往更垂直化、更细化的方向发展。图 1-2 所示为网站平台上的时尚、美妆、种草和美食直播。

时尚直播　　　　　　　　　　美妆直播

图 1-2　直播的类型

种草直播　　　　　　　　　美食直播

图 1-2　直播的类型（续）

　　直播的火热，其点击量已经成为各方共同抢夺的关键点，所有人都在思考如何让直播内容获得更多的关注量、浏览量和订阅量。

　　然而纵观各种类型的直播内容，你会发现几乎很难找到一个非常专业、规范、出色的服装直播号。

1.1.2　服装直播始终没有应得的地位

　　目前，市面上关于"服装"直播的内容基本分为两种：一种是在抖音等短视频平台上进行单纯的直播，主播在室内进行服装展示或者介绍服装产品，如图1-3所示；另一种是在进行其他类型直播的时候，间隔、穿插服装直播，如图1-4所示。

图 1-3　在室内进行服装展示或者介绍服装产品

图 1-4　在直播的时候间隔、穿插服装直播

　　当你在观看彩妆这方面的直播时，你可以在网络上搜寻到各种非常有名的彩妆直播板块，里面的彩妆视频甚至都可以细化、精准到脸上的具体部位。例如，"眉毛"部分的直播主题，有画眉、眉形两种主题的直播视频，如图 1-5 所示。

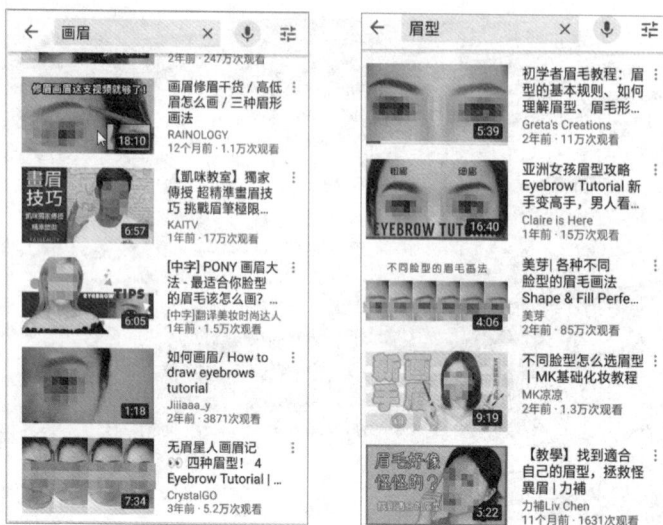

图 1-5　画眉与眉形的直播视频

当你在搜寻服装直播时，往往能看到的是在时尚板块中的某一板块涉及服装，或者在服装直播中看到其他产品，很难找到像"美妆"板块这种百花齐放、百家争鸣的局面。图 1-6 所示为美妆板块中的粉底直播，图 1-7 所示为遮瑕直播。

图 1-6　粉底直播

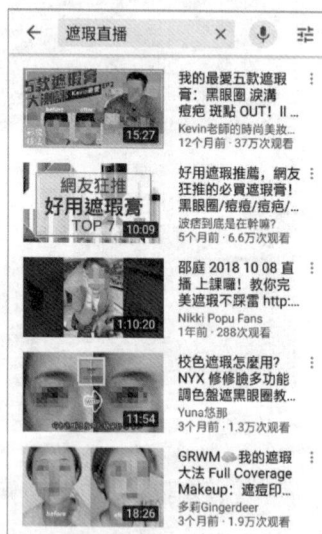

图 1-7　遮瑕直播

通过上面我们可以了解到，在直播这个大平台，服装直播几乎始终隐藏在其他的板块中，并没有形成一个完善的、独立的项目，服装直播的标准也比较随意。

1.2 现在市场对服装直播的大量需求

服装属于生活必需品，在衣食住行里排在第一位。服装除了具有保暖功能，现在已经上升到另一个更高的境界：可以代表一个人的形象。

越来越多的人开始重视服装的合适、得体、美观、时尚，但是挑选衣服并不是一件简单的事情，它不仅需要花费时间，还要考虑各种特殊情况。

在现今社会，高强度的工作生活使得大部分人没有时间、精力去商场一件件挑选和试穿衣服，选好之后还要排队买单，这是很浪费时间的一件事情。图 1-8 所示为入店排队的情形，图 1-9 所示为在服装品牌店排队试衣服的情形。

图 1-8　入店排队的情形

长时间地等待非常耗时间，且有点儿麻烦，因为你需要不断地在商场挑选衣服，不断地寻找工作人员协助你挑选衣服，以及长时间在试衣间排队等待。由于每个人的身材不同，需要不同的尺码、款式，仅凭店内张贴的有模特照片的海报，或者立体模特展示的衣服来挑选是不现实的，除非身材和那些立体模特一样或差不多，但在这种情况下能挑选到一件适合自己的衣服的概率就会很低。

最好的办法就是在试衣间反复地进进出出，不断地尝试适合自己的尺码和款式，如果没有人帮你判断，只有你一个人试穿、购买衣服，就会更加麻烦，你也不好一直占用试衣间。而确定购买后，面对的可能是排队买单的情况。

图1-9　在服装品牌店排队试衣服的情形

服装对我们来说是必需品，不同的天气、不同的场景，我们需要不同的服装，不同的行业也决定了人们对服装的不同需求，这直接促使人们产生对服装的购买心理和购买行为。其中还涉及不同的人、不同年龄段以及不同心态等一系列因素，这些都会导致人们对服饰多样性的需求。由此，我们可以得出一个信息：服装的需求量是庞大的，其消费群体也是庞大的。

1.2.1　社会上对服装的需求以及转变

基于服装的基本特性：保暖性，服装是每个人生活中的必需品。人们因年纪的增长、温度的变化而对服饰有不同的要求，天冷就会穿羽绒服，天热就会穿T恤，以及幼时穿童装、长大就穿成人装等。图 1-10 所示为幼童装、成人装、羽绒服以及 T 恤的服饰展示，从该图中我们可以看出服饰的重要性，对人们来说，这是一个长期存在的需求。

幼童装

成人装

羽绒服

T 恤

图 1-10　人们需求的各式服饰

从发展途径来看，服装已经不单单具有保暖这种基本的特性。俗话说"人靠衣装马靠鞍"，这足以表明在很早之前，人们就开始通过服饰来认识一个人了。

通过判断对方的服饰来初步了解一个人，这种做法表明了现代社会的一个共识：一个人所穿的衣服在一定程度上就可以代表这个人。

现代社会对服饰的要求更加严格，人们所处的行业就为其设定了一个基本的风格，如教育行业需要服饰端庄得体，办公行业要求大方得体，时尚行业则需要紧跟潮流，等等。

除此之外，每个人对服装又有各自的喜好，人们根据自己所处场景、环境的不同（工作时、日常时、聚会时、运动时），会选择不同的服装风格、类型，如图 1-11 所示，不同的服装给人的感觉也是不一样的。

图 1-11　工作、生活不同风格服饰穿搭

1.2.2　各购物平台对服装的需求

从以天猫、淘宝、京东为代表的各大网购平台的浏览人群来看，主要的购买人群为女性，而能够吸引女性浏览、点击、购买的服装，大多涉及两个核心：第一是变美，第二是变瘦。追求美几乎是所有人都感兴趣的话题，和变美相关的衣着就显得十分重要。衣服代表一个人的形象、气质甚至性格，合适的服装可以使人增添自信、魅力，简直是无形加分的利器。所以，无数人渴望挑选到适合自己的服饰。

当你在天猫网页中输入"衣服"两个字的时候，可以看到不同类型、年龄段的衣服商品，非常丰富、多样，如图 1-12 所示。

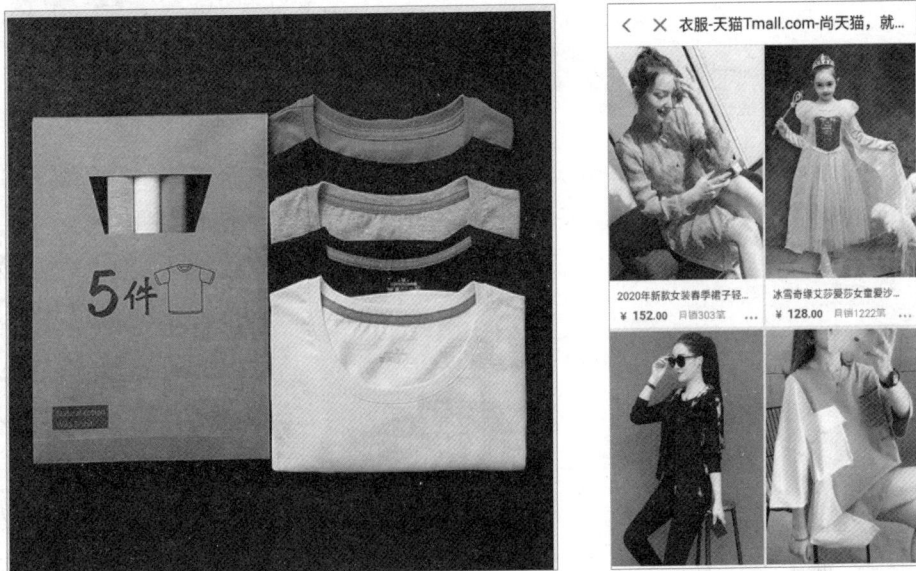

图 1-12　服饰多样化

这些购物平台吸引着每一个对服装有购买心理、购买需求的人，各式各样的服装商品让人不知不觉沉浸在持续的浏览中，不断地寻找下一个适合自己的商品。

对很多人来说，穿着是一件非常重要的事情，它有着巨大的影响力，影响着人们的一举一动，所以为了挑选到自己满意且最适合自己的服装，人们不惜花费大量的时间和金钱。

1.2.3　网红售卖服装的成交高额数

现在有人已经不再满足淘宝、天猫等类似网页出售的批量化、流水线服饰，当在购物网页上看见的都是简单、直白、几乎统一拍摄手法所展示的衣服时，越来越多的人开始倾向于一些网红、个人设计师、海外小众服饰品牌所设计或者出售的服装。

他们通过视频直播的形式，与顾客实时地对服装产品进行沟通，让消费者全面、立体地展现服装，消除消费者的疑惑、顾虑，以此达到消费者买单的目的。有时消费者甚至会因服装主播个人的魅力而无条件地信任、跟随、购买。

这些屏幕前的粉丝消费，经常会产生令人惊讶的天价成交额，引起各种媒体争相报道，标题中极具冲击力的金额数字，时常刺激人们的想象，吸引着人们的目光。

当然，天价的成交额恰恰可以表明一个现象：服装产生的经济效益巨大。这也在证明一个蓬勃有力发展的现状：现今社会对服装的需求量极其庞大。

1.3　普通人也可以进行服装直播

服装直播入门并不难，因为它不需要你对服饰有系统、规范的理论知识，也不需要懂非常专业的服装概念，它甚至不会像美妆直播那样，时刻需要跟随妆容潮流，进行大量美妆练习，并反复地化妆、卸妆。服装直播几乎不需要这些专业技巧。

如果你对服装直播销售感兴趣，想了解有关服装直播的内容，那么你完全可以通过对本书的阅读来掌握相关的知识和信息。本书可以帮助你直接、轻松地在服装直播中从新手晋级到高手，掌握服装直播的信息、知识和途径，更好地在服装直播行业中发展。普通人都可以通过学习来了解和掌握服装直播。

1.3.1　掌握基础的服装知识

当你在读书的时候或者正式工作之后，应该或多或少接触过类似于 UNIQLO、H&M 这类快销的服装品牌店，店铺如图 1–13 所示。

图 1-13　服装类快销品牌店

如果你在上述服装品牌店和类似的服装品牌店工作过，那么你已经拥有了基本的服装销售技巧，对服装的知识也有一定的了解，通过店内的培训也获得了专业化的知识，还有面对客人时的表情举止，都有了一定的训练。

你拥有了对服装款式、风格的认知和了解后，在之后的日常工作中，你所面对的就是服装，你的工作就是围绕着服装在打转。这时你在不知不觉中已经是服装直播博主的雏形状态，只是你是一对一、一对多的线下直播。

此时的你，完全可以考虑进行服装直播销售，通过网络这个媒介，把已有的服装内容面向更多的群体，辐射到更多的地方。就像现在很多讲师、老师授课一样，在一个教室里面对的人数终究是有限的，而同样的授课内容，在教室里讲授只能授课给几十个人，但是通过网络视频授课，就能给成千上万的人进行授课，无论对方身在何处，随时随地都可以浏览、观看你的直播视频。

1.3.2　从事服装个体销售的工作

当你有自己的个体服装店铺，或者在这种环境下工作时，如图 1-14 所示，你已经拥有了非常丰富的服装销售经验，因为当你选择进购一款服饰放在店铺里销售时，在采购这款服饰之前，你就需要对市场进行一定的调研，根据往日店铺类似服装的销量、最新的服饰潮流、个人审美，以及对这款服装的一个预测来确定是否下单，以及下单的件数是多少。

图 1-14　个体服装店

一旦衣服陈列在店铺里，面临的最重要的问题就是销售。只有在合理的价格、恰当的时间把商品销售出去，才能使自己的利益免于受损。为此，很多店铺工作人员会建立店铺的顾客群，通过群聊可以及时和顾客进行沟通，了解并熟悉每个顾客的风格、喜好和需求，以此来提高顾客的购买力度、成交率和亲密感。

整套流程下来，已经了解了一个服装主播最需要了解、重视的内容，就是服装直播中的销售环节。除此之外，还可以通过网络直播来扩大自己实体店的知名度，以此来提高实体店的销售额，降低实体店的积压库存量，达到线上、线下两不误的状态。

当你成为一名服装直播主播时，你完全可以极致地运用你所了解、掌握的一整套流程，运用如何选择服饰、展现服饰、销售服饰的实践经验。

1.3.3　喜欢服装、喜欢跟随新潮的人也可以从事服装直播行业

如果你没有在服装店工作过，不了解服装的相关知识、销售和沟通技巧，只是单纯地喜欢服饰，那么你也完全可以从事服装直播行业。因为你有着对服饰的审美、服饰风格的偏爱，以及清楚、了解怎么搭配服装可以把它的时尚感、美丽度发挥出来。

如果你非常喜欢服饰，时刻关注服装的最新潮流，并且你很希望有机会和途径能够把自己的一些搭配技巧让更多的人知道，你相信自己的服装品位，同时你也认为你的品位值得让更多人欣赏，那么你也可以进行服装直播，在直播中慢慢提升自己的销售技巧。图 1-15 所示为某社交平台上所展示的服装搭配效果。

图 1-15　服装搭配效果展示

图 1-15　服装搭配效果展示（续）

　　此时的你，即使已经明确清楚自己的服饰风格取向，也可能不清楚自己是否适合服装直播行业。其实你需要清楚地意识到自己的优势，你已经拥有了从事服装直播最大的优势，即个性。

　　面对无数的直播博主，你需要使自己不要成为千篇一律的博主，而是具有独特风格的博主，你所展示的已经不是衣服，而是你自己。

1.4　学会服装直播，创造更高的经济效益

　　从事服装直播行业，你所学习和掌握的知识、资源会赋予你新的价值，你可以选择进一步拓宽自己的影响力，不再只安心于成为一名简单的服装直播博主。你可以对已有的资源进行拓展，尝试了解与其相关的咨询，这不仅可以使你学习到更多的知识，还可以创造出更高的经济效益。

　　当你从一名小主播一步步成长为大主播的时候，你的商业价值也在不断地增加，你的点击量、订阅量、粉丝量都是你无形的资源。当你的直播状态已经进入

一个稳定、熟练的时期，商业价值也在不断地得到认可时，你完全可以进行职业的衍生，利用已有的资源，不断地提高自身价值。下面介绍通过服装直播可以发展的三种方向。

1.4.1　通过直播创造更大的粉丝效益

通过网络进行服装直播，就有机会被无数的网友点击、观看，一旦你学会怎样留住粉丝，让粉丝拥有归属感和使命感，那么这些粉丝就是你的再次宣传人员，他们也会带来更多的人来认识你。由此，你涉及的群体也在潜在地增长，而那些观望的群体，就是你可以发展的潜在粉丝群体。

这种现象相当于滚雪球，粉丝基数越大，所影响的人数就越多，当粉丝基数达到一定的层次后，商品所被购买的次数和额度自然跟着增加。如此发展，除了在平台直播视频时获得点击量，还可以拥有超强的变现能力，一旦这种现象进行循环，你所拥有的就远比想象的更多。图 1-16 所示为薇娅和李佳琦在直播中进行商品销售的画面。

图 1-16　商品直播销售

1.4.2　通过直播插广告和带货，实现财富增长

当你的粉丝数目达到部分广告商的硬性要求，直播间的粉丝数也都处于稳定的状态时，你就可以实现财富的又一次增长。

不用你刻意去找，自然会有人主动联系你（一般是广告者），你的直播等级越高，你所获得的广告费用就越高。图 1-17 所示为在直播间进行的"连麦"带货。

特别需要注意的是，面对广告商提供的带货产品，你是可以进行选择的，你可以挑选合适的产品来带货，你拥有绝对的选择权，不要因广告商提要求而强制在直播中带货，这样会有掉粉的风险。

图 1-17　直播连麦

1.4.3　形成自己的搭配技巧，让粉丝追随你的风格

你进入服装直播的时间越久，你的服装知识就会不断得到更新，你也会不断地了解和掌握最新的服装信息。在这个过程中，你有无数的机会和契机去了解不同服饰搭配的风格，解锁从未尝试过的穿搭技巧。

你可以大胆地搭配任何你觉得时尚的、新潮的、夸张的、奇异的服饰，做到只要自己觉得喜欢就好。只要你勇敢去尝试、坚持，那么你也可以形成自己独特的风格，成为服装搭配"教主"。你不用一直跟随明星、超模以及韩剧的穿搭建议，你反而可以让粉丝拥护你的风格。

这种行为会增强粉丝的纯净度，使粉丝喜欢你的直播风格、服饰风格，这样

粉丝自然就会留下来，也会变得更加有黏性。你也可以尝试将有关服饰的心得都记录下来，通过软件或者 App 等，以画画的方式呈现出来，或者设计出相关的海报，在社交平台上展示这些服装的搭配效果，便于让更多的人通过网页来关注你，如图 1-18 所示。

图 1-18　通过绘图、海报设计来展示服装搭配效果

1.5　创建自己的服装品牌

在很多地方，我们都能看见品牌的存在，这是一个独一无二的标志。图 1-19 所示为各种品牌的 LOGO 效果，我们往往在看见品牌 LOGO 的时候，脑海中就

会对它有了一定的认同感，这也是山寨品牌一定要在名称或包装上设计出和正版类似的原因，以此提升产品的销量。

图 1-19　各种品牌 LOGO

所谓"品牌"，它不仅代表消费者对产品和其产品系列的认知程度，还可以给其拥有者带来溢价，是能够产生增值的一种无形资产。品牌承载更多的是部分人对产品和服务的认可，同时品牌也是经济价值的无形资产，它具有无法估量的效应价值。

其实你也完全可以创建一个自己的服装品牌，这样可以使你的产品与其他同类产品有一个最有效的区分。利用你通过服装直播所拥有的知识、资源、粉丝以及商业价值，去创建一个属于自己的服饰品牌，让一个人的风格变成更多人的风格，让一个人的时尚成为更多人的时尚，让一个人的喜好影响更多人的喜好。

1.5.1　创建风格独特的服饰品牌

你可以根据自己的风格来创建品牌的风格。创建个人品牌没有想象的那么遥不可及，市面上到处都可以看见新的品牌诞生，创建一个品牌最重要的就是寻找到自己最擅长的风格，并与其他品牌区分出来。

不同的风格可以创建成为不同的品牌，那些大家都喜欢的风格固然拥有大量的购买群体，但是不代表小众的就没有市场，有些小众品牌也是非常有人气的。下面就介绍一个个人创建的小众服饰品牌。

FUSSED 的服饰风格有一种复古的情调，有强烈的个人魅力，擅长运用褶皱元素，在色彩方面也非常讲究，通常选用一些突出皮肤色感的颜色，例如裸色、姜黄色，如图 1-20 所示。此外，该服饰不管是在剪裁上还是在面料上，都非常有质感，风格虽然小众，但这家品牌拥有自己独特的风格，于是小有名气，时尚圈知名度也颇高。

图 1-20　FUSSED 店铺主页和服饰

1.5.2　创建产品众多的服饰品牌

创建服装品牌，不一定只出售服饰，对与服饰相关的饰品物件也可以进行 LOGO 化，服装可以涉及服饰，从而衍生出更多商品的 LOGO 化。下面介绍的品牌就是在出售服饰的同时，也设计或出售一些与服装有关的其他商品。

VEGA CHANG 概念店，如图 1-21 所示。服装设计的风格极具设计感、独特、富有魅力，同时该品牌店也出售其他各种好看的配饰。

图 1-21　VEGA CHANG 概念店店铺服饰及配饰

1.6　掌握服装技巧，实现二次收益

当你积累了一定的服装知识，并总结归纳以后，就可以让这些知识被更多的人看到。随着国民阅读量的提升，出版行业得到了一定的刺激；随着现在网络阅读的增长趋势，很多人都在各种平台上分享、输出自己的知识，你也可以根据自己所拥有的服装知识，去传播、输出服装知识。

通过文字、图片等途径，在不同的平台上进行传播，可以让更多的人认识你、了解你，以此吸引更多的人去关注你，形成一个正反馈。除此之外，传播、分享知识不仅可以进一步提升个人的影响力，还可以使自己对服装知识有一个有益的积累。本节主要介绍两种分享知识与经验的平台。

1.6.1 编写纸质书籍，获得知识变现

当自身的服装知识到达一定的高度，你完全可以通过对已有的服装知识进行有条理的分类、归纳、总结，来形成一个完整的知识体系和逻辑结构，之后以实体书籍的形式，在各大网站、书店展示这些知识。图 1-22 所示为某平台上出售的有关服装的图书。

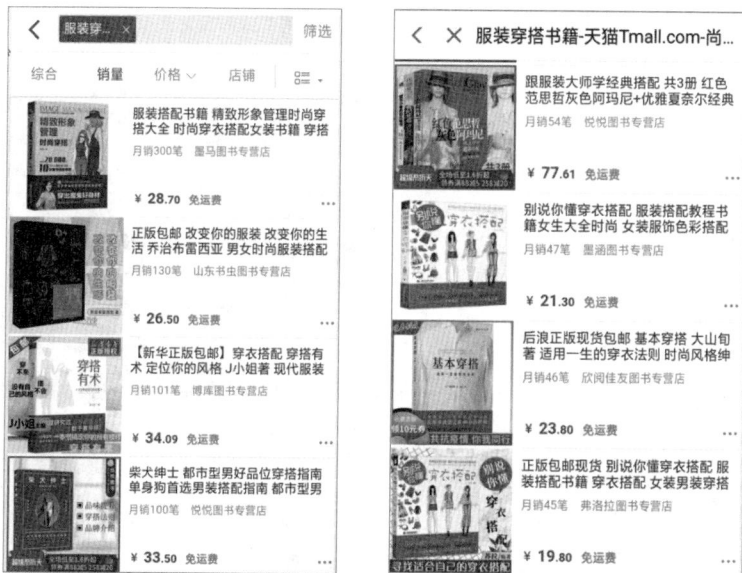

图 1-22　网站上出售的有关服装的图书

你可以选择自己撰写，通过把原先稍显杂乱、没有规则的知识，完整、规范化地梳理，从而编写成实体书籍，也可以提供你的信息、知识、资源，让专业的人士来进行整理、编辑、装订成册。

1.6.2 拓展网络资源，吸粉引流变现

现在是移动互联网时代，公民的阅读方式不再仅仅以纸质的图书为主，电子阅读会成为普遍的阅读方式之一。

你可以在新媒体平台上建立你的公众号，如微信平台、今日头条平台、简书平台等，跟上时代的变化，将你的服装知识撰写出来并发表，这样可以快速拥有

一定的阅读量和传播量，例如，与服装有关的公众号包括黎贝卡的异想世界，如图 1-23 所示。

通过公众号平台来分享知识、传播知识，并采取专业化的管理，可以使其拥有极高的知名度和庞大的粉丝群体。现如今，这类时尚博主的收入来源，主要就是这些社交媒体广告、活动出场费以及电商收入等。

你也可以在谷歌、twitter、YouTube 等海外平台创建个人服装的网站、主页、专栏，把影响力辐射到更远的地方，如图 1-24 所示。

图 1-23　服饰公众号　　　　图 1-24　服装网站

建立网站，能让世界各地的人有机会了解你，也能使你时刻与世界信息联系，甚至有机会和海外资源挂钩。你可以利用网站主页来形成你的个人简历，这相当于在互联网上全面曝光，任何人都可以搜寻到你，这是自我营销的一个非常好的途径。上述两种方法都可以扩大个人及个人品牌的影响力。

第 2 章

了解直播：多面分析直播信息，了解平台规则

在淘宝、蘑菇街等直播平台上，每个普通人都能够吸引大量粉丝来关注，都有成为"网红"的机遇。但对于直播，大部分人并不知道它的真实情况，同时也不清楚这些直播平台的运营机制等内容。本章以了解直播为主，同时介绍几个适合从事服装直播销售的平台，帮助大家更好地掌握直播的基础知识。

2.1 了解直播信息，规划直播发展

直播可以说是现在很火热的一股潮流，在日常生活中，我们可以看到直播的痕迹，比如在化妆品店，我们可以看到各种各样的美妆直播；在社交网站，会看到普通人通过直播而火爆起来的热点；以及时时可见的直播带货产生的高额成交金额等。这些都向我们展现出直播的活跃度和生命力。本节将从多个方面来了解直播这件事，从而帮助读者更好地步入直播服装销售之路。

2.1.1 审视直播前景，确保职业发展

现今社会在不知不觉中，俨然进入了一个视频时代，随着智能科技的不断发展，电子产品的功能非常强大，方便每一个人进入"全民直播"的热潮中。和打造品牌的契机类似，网络直播同样提供了一个自由的平台，让每一个独一无二的个体，尽情地展现自己。

视频直播给每一个有才华、有个性的个体都提供了自我展示的机会，从而使他们有机会被无数人发现，了解他们的闪光点，这可以让创作者施展才华，向大众展现自己的魅力。由于 2020 年的特殊性，更加将视频直播推向了一个迅速发展的节点上。图 2-1 所示为网站上层出不穷的各类直播频道。

这其中很大的一个原因是，网络直播再一次使信息的传输方式得到更进一步的发展。在现在大众的社交方式中，通过网络在线直播，实时地进行互动与联络，这完全是比通过文字、图片、视频沟通，更为简单有力和方便的沟通、传播途径。图 2-2 所示为文字、图片、视频、在线直播的 4 种社交途径。

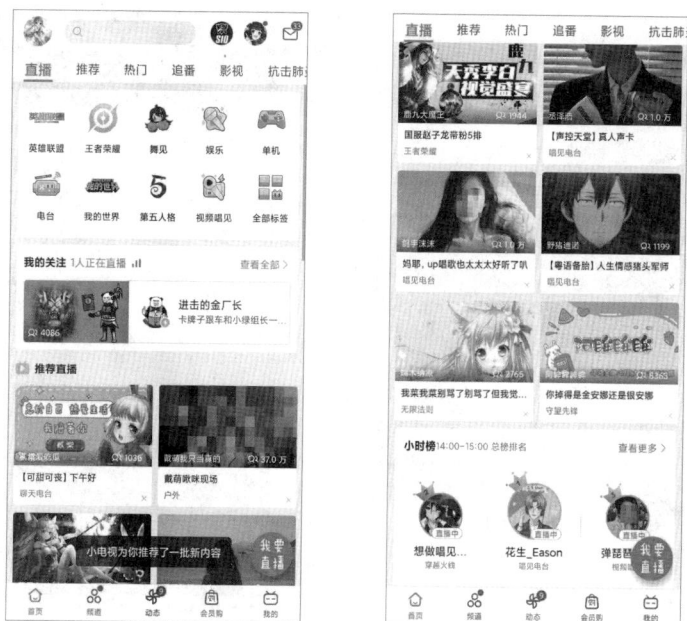

图 2-1　网站上各类直播频道

文字社交　　　　　　　　　图片社交

图 2-2　文字、图片、视频和在线直播四种传播方式

视频社交 在线直播社交

图2-2 文字、图片、视频和在线直播四种传播方式（续）

由上述内容可以发现，文字社交较为平面，需要读者自己去想象；图片社交则比文字社交稍微好一点，给人画面感；视频社交比前两种方式更加有优势，但始终不敌网络在线直播这样可以实时进行沟通，更加便于互动的社交方式。

网络在线直播这种方式提供了一种使人身临其境的现场模式，它通过网络的连接满足了部分人的心理需求，他们不想看被编辑过、修改过的视频，而是希望有一种直播者就在身边的感觉。由于直播是无法进行后期编辑的，直播中出现任何状况都有可能，而且主播的表现相对真实，这种亲近、随意的氛围正是部分人所喜欢的。

随着这种需求不断增加，社会逐渐进入"全民直播"状态，每个粉丝都希望看到生活、社交等系列活动的现场直播的状态，每个主播也在竭力创造直播氛围，LIVE化已经从音乐演唱蔓延到生活的各个方面。图2-3所示为LIVE标识。

图 2-3　LIVE 标识

　　通过直播这种方式，产生了视频点击量、播放量、直播打赏、直播带货等一系列依靠直播这一大趋势而出现在大众眼前的词汇。但是不得否认，它们的确直接开拓了新的经济发展点，通过直播产生花费和收益的两种行为都极大地刺激了消费，促进了社会的经济消费发展。

　　出现这种"人人都在直播"的现象，部分原因就是直播形成了一个更便捷的途径，它让内容生产者和消费者之间形成了一种特殊的关系，同时改变了生产与消费的连接方式，不再是物与金钱交换，而是虚拟内容也可以获得金钱。造成这种"全民直播""人人都在直播"的社会现象，大致可以从以下三个原因来分析，涉及社会、平台、主播三个方面的因素。

1. 社会因素

　　关于直播迅速、火热发展的现状，可以从社会方面来分析和了解，得到两个原因，如图 2-4 所示。

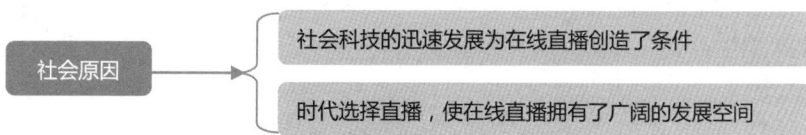

图 2-4　直播火爆的社会原因

　　不管是通过文字还是视频进行社交活动，最原始的驱动力都是通过这些方式来对信息进行简单的加工记录，同时把它们放在各种平台上，用来分享自己过去已经发生的某一个生活的片段。但是，在网络上进行视频直播就与上述途径完全不一样，它是在一个具体的场景之下，通过网络，让屏幕前的两方可以实时连接。

就像电视节目中的场外连线，有区别的是，视频直播使得场外的一方可以更直接地感受到现场的一举一动。在直播中，观看者随时可以和主播以及其他观众进行互动交流，这相当于简陋版的 3D 模式，它创造了一种场景的新感受、新体验，由此促使网络直播的兴起和火爆。图 2-5 所示为现场直播的视频，观看者在直播中可以直接发送个人言论，还可以和主播进行实时沟通。

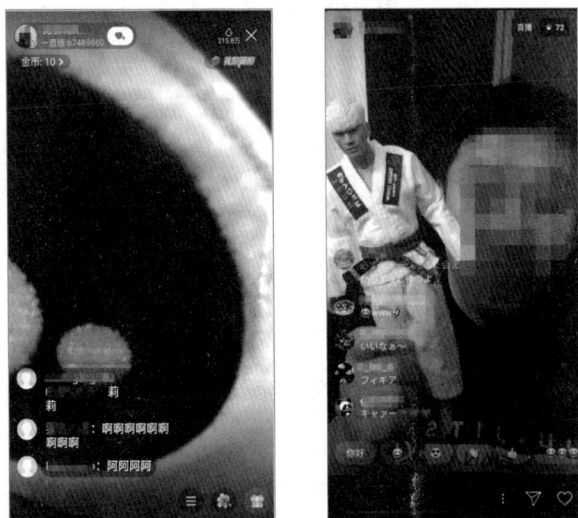

图 2-5　线上直播实时互动情景

2. 平台因素

直播迅速发展的现状，离不开直播平台在背后提供的强劲支持，下面对直播平台的因素进行相关分析，如图 2-6 所示。

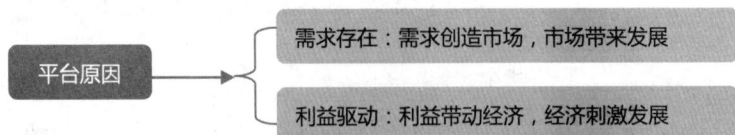

图 2-6　直播发展强劲的平台因素

现今社会，大家都倾向于以看视频这种方式来填充自己的空闲时间。最常见的就是在排队、上下班等空闲时间，选择看手机来打发、填充时间，而使用手机观看视频更是最常见的用来填充时间、放松心情的一种现象。

这是因为大脑对视频信息的接受度相比于文字、图片来说更大，视频更加多样化，并且多姿多彩。例如，人们现在听歌都喜欢一边播放 MV 一边听歌，视频展现的内容让人有听歌的欲望。对视频有需求的存在，自然会促使更新视频形成一种必然的趋势，最终会让市场出面协调、解决这一需求。图 2-7 所示为等待中人们用手机打发时间的场景。

图 2-7　等待中的人们用看手机打发时间的场景

从某种趋势来看，网络线上直播这种方式拥有巨大的情感需求，用户期望通过网络实时地沟通和互动，得到情感的一种慰藉。通过主播的引导、介绍和推荐，用户会有意识地进行打赏、下单等行为，以此得到某种慰藉，而直播带货就是通过用户信赖主播所销售的商品，根据主播对商品的展示、介绍、推荐，从而下单购买。

这种消费行为的形成，大力地促进了经济的发展，使社会上的资金有序地流动，不仅提高了个人的消费力，还提高了国家、社会、企业的经济效益，巨大的经济效益不断地刺激各大企业、机构去增加对平台直播的投入和拓展。图 2-8 所示为直播机构开展的直播盛典，各大优秀博主和企业进行年度总结，以及进行有关直播计划方面的演讲。

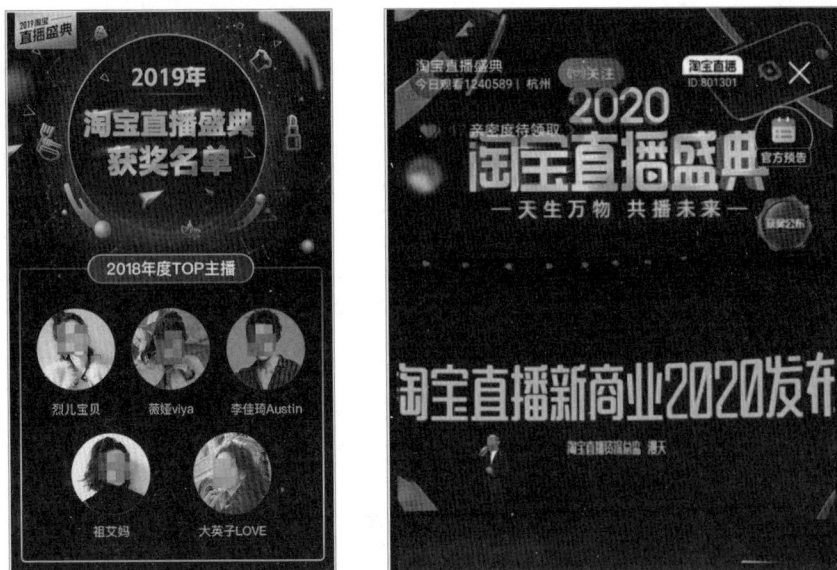

图 2-8　直播总结颁奖和直播盛典演讲

　　例如，淘宝平台在 2018 年实施的"双百"战略计划。"双百"计划在不到一年的时间里就实现了，计划实现的速度如此之快，在一定程度上恰恰证明了直播发展的潜力，它将会越来越猛烈，由此也可以看出直播拥有广阔的发展前景。图 2-9 所示为成功实现"双百"计划的直播博主。

图 2-9　实现"双百"计划的博主

由上文可知，平台对线上直播的重视，促使其不断地协助、促进直播行业的发展，同时积极地开展有关网络直播的相关奖励机制活动，使直播站在公众的舞台上，活跃在社会生活中。

可以说，直播平台在直播的发展中起到了一个非常重要的作用，通过直播让平台收获了巨大的流量和经济效益，从而使平台的运营机制更加完善，帮助直播博主可以更好地发展，两者之间形成一种共同发展、共同进步、互帮互利的关系。

3. 主播因素

直播的火爆发展，其中最关键的因素就是那群从事直播工作的人，数以万计的直播博主人数，才可以使直播呈现出一个繁荣发展的局面，从这些直播博主的数量以及大量正在计划加入直播行业的人的因素来分析，也就知道直播迅速发展的原因，如图 2-10 所示。

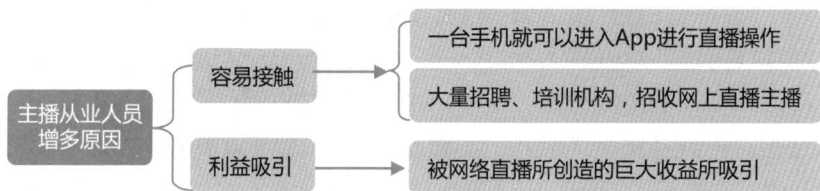

图 2-10　主播从业人员增多原因

随着手机的功能越来越强大，能够用手机完成操作的内容也随之越来越多，各种 App 都可以在手机上畅通无阻地进行操作，这也在一定程度上为网络直播带来了便利。只要点开手机中拥有直播功能的 App，就可以在 App 上轻松地找到直播界面，进行直播。图 2-11 所示为两款社交网站的直播界面。

图 2-11　两款社交 App 直播界面

由于直播发展得太猛烈，导致市场对直播博主人数的需求量上升。图 2-12 所示为直播平台在招聘网站发布的招聘信息，以及招聘直播主播的岗位要求。

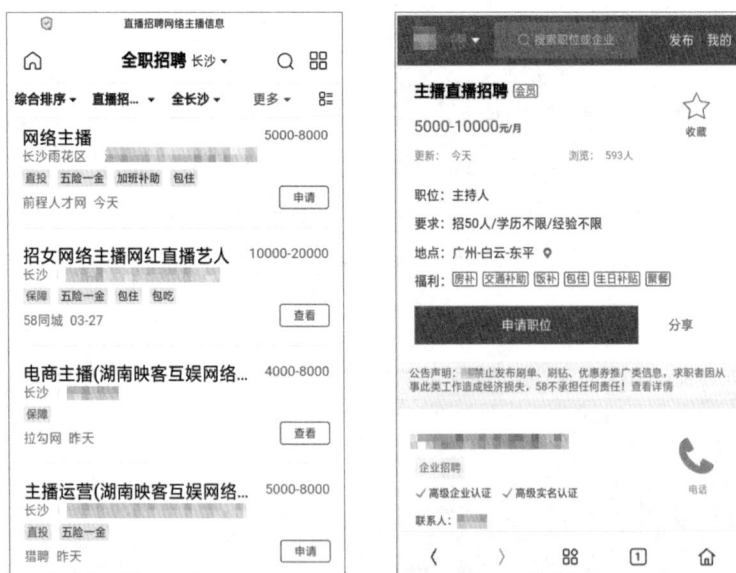

图 2-12　直播平台发布的招聘信息以及招聘直播主播的岗位要求

可以看到，各种机构被直播创造的经济效益吸引，于是积极地在各大网站寻求、培养愿意从事直播工作的人才，没有直播经验根本不是问题，只要感兴趣，机构就会乐意提供完善的培训体系。

主播个体被直播行业吸引的另外一个重大的原因，就是被直播所带来的巨大利益所吸引。每到"双十一""双十二"等活动，那些购物平台的博主通过网络直播带货所创造的成交额常常令人咋舌。图 2-13 所示为直播带货的高额成交数目新闻。

不仅是成交金额数字庞大，而且其往往在非常不可思议的短时间内就可以完成，这些博主的收益往往被大量的媒体关注，成为报道的新闻内容，而这些内容在网络上铺天盖地地传播。

和自己一样的普通人，却通过直播带货，创造出一次又一次的天价成交额，被人们津津乐道，这无时无刻不在诱惑着每一颗想了解直播人士的心。图 2-14 所示为有关直播销售博主的新闻报道。

图 2-13　直播带货的高额成交数目新闻　图 2-14　有关直播销售博主的新闻报道

2.1.2 看清直播现状，规避直播困境

直播现在的发展在大部分人看来，正是如日中天的时候，但是，看待事情不能单单从一个方面的现象去看待，应该学会从不同的方面去看待问题，不仅看它的优势，还应该发现它的劣势，这样才能帮助大家更谨慎地对待直播这件事情，从而可以慎重地进行直播行业的一系列活动。

从另一面来看待直播和直播销售，就会意识到一个现状，那就是直播市场存在一种虚假繁荣的局面。直播在短时间内发展得太过迅速，太过猛烈，所以与之伴随的就是直播市场的不稳定、机制的不健全、规章制度的不完善。

随着直播市场的不断开拓，越来越多的企业、机构和个人投身到直播领域中，完全忽视了自身的条件和局限性。看似遍地开花的直播平台，很多却只是处于起步的状态。在直播圈里，各种不良的现象横生，出现"买赞""买粉"等对数据进行造假的行为。

这一现象随着直播平台、直播博主人数的增多，变得越来越常见，而这种行为正是直播行业发展过程中的一种虚假繁荣的真实写照，造成这种现象的原因大致可以分为观众方面、主播就业以及直播自身原因这几点因素。下面将对这些原因进行分析。

1. 观众方面原因

造成直播市场出现这种表面繁荣发展、热热闹闹，实际上与产生的经济效益却不相匹配的现象，从直播以及直播销售面向的受众角度来看，可以得出如图 2-15 所示有原因。

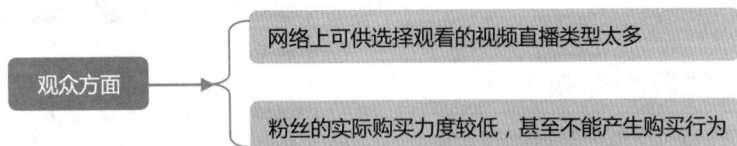

图 2-15　造成直播虚假发展的观众方面的原因

现在的直播栏目太多，直播带货的栏目也很多，其中很多都有相似的主题、相似的货品，观众大多会倾向一些有知名度的博主，而他们本身就是高人气、高流量

的代名词，这样持续下去，观众很难去看一些知名度较低或者新人的直播栏目。

那些非高人气博主，尤其是新人主播，在初期很难吸引到粉丝驻足，如果直播到后面阶段，仍然没有树立起吸粉的"人设"，或者不能保持自身的人格魅力等，那么要想继续吸引新粉丝也是非常艰难的。例如，有时会出现直播间的观看人数非常少的情形，如图 2-16 所示。

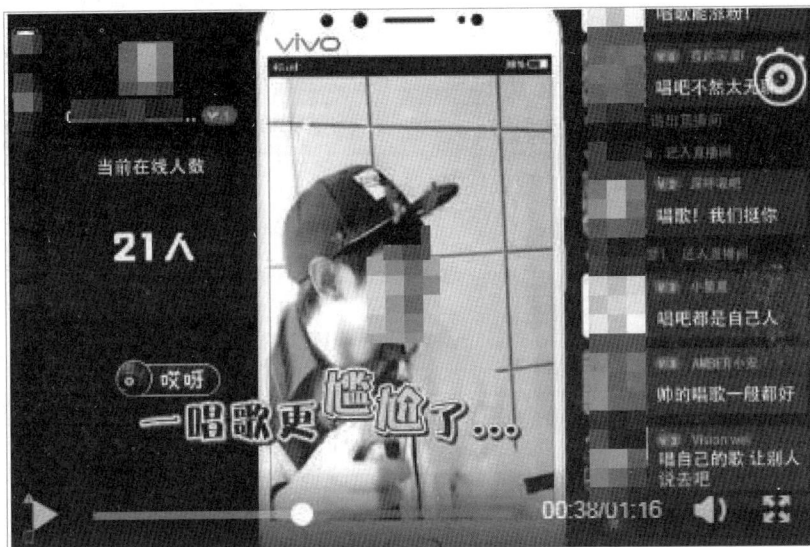

图 2-16 直播中观看人数稀少的情形

即使直播观看人数可观，但可能又需要面对另一个现实，就是粉丝的购买力低，甚至没有，这样虽然观看直播视频的人很多，给人一种高人气、发展特别好的印象，实际上却不能把这些在线观看的粉丝转化成实实在在的经济价值，长期下去，很难有收入可言。

2. 主播就业原因

造成直播市场出现实际上产生的经济效益和理论上的数据不相匹配的现象时，从直播销售的角度来看，可以发现直播博主很容易出现以下原因，从而影响实际产生的经济效益，如图 2-17 所示。

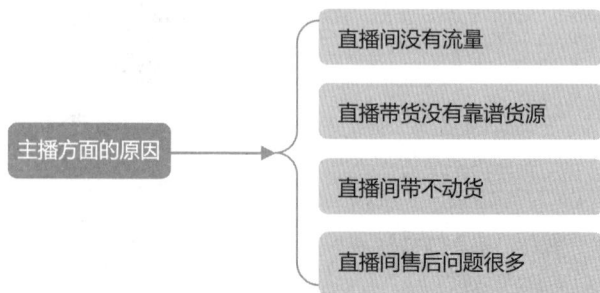

图 2-17　造成直播虚假发展的主播方面的原因

　　主播在直播间带货的过程中，大致会出现上述列举的一些问题，其中的每一个原因都可能导致直播在产生经济效益方面受到不小的阻碍，只有针对这些问题一一制定好有效的解决措施，才能保障直播带货可以顺利地进行，从而提高销量。

3. 直播自身原因

　　从直播本身进行分析，包括外部因素、内部因素和自身局限性 3 个方面。

　　（1）了解直播本身所受到的外部因素，如图 2-18 所示。

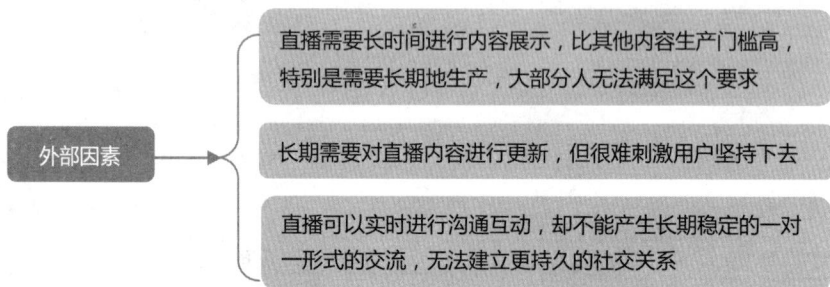

图 2-18　直播本身的外部因素

　　通过对外部因素的分析，可以了解想要在直播这个行业长期发展，尤其是通过直播带货这一方式来获得名气、收益是有一定难度的，其中最重要的就是坚持。当所有人都兴致勃勃地进入直播这个行业时，唯有坚持下去的人才可能最后获得成功。

（2）直播本身的内部因素也是不容忽视的点，通过了解服装直播的内部因素，可以准确地意识到直播的问题，如图 2-19 所示。

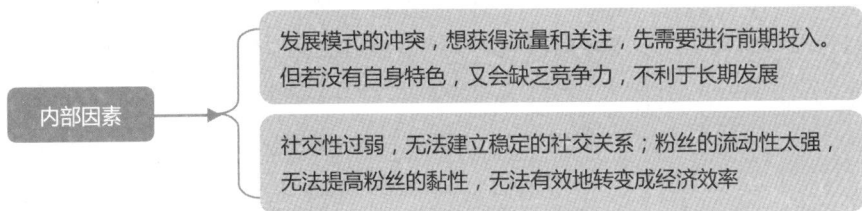

图 2-19　直播本身的内部因素

通过对直播的内部因素分析，可以让大家意识到一个问题，就是在进行直播，尤其是服装直播带货时，怎样进行服装直播可以利于之后的长期发展，同时明白仅仅通过直播时的实时网上交流很难建立起稳定的社交关系，因为其难以进行后续联络，所以读者可以尝试通过其他社交途径来建立和维持与粉丝之间的关系。

（3）最后相对重要的一点，就是直播本身的局限性影响了直播的发展，它的局限性导致一些机制无法适应和运行。相关分析如图 2-20 所示。

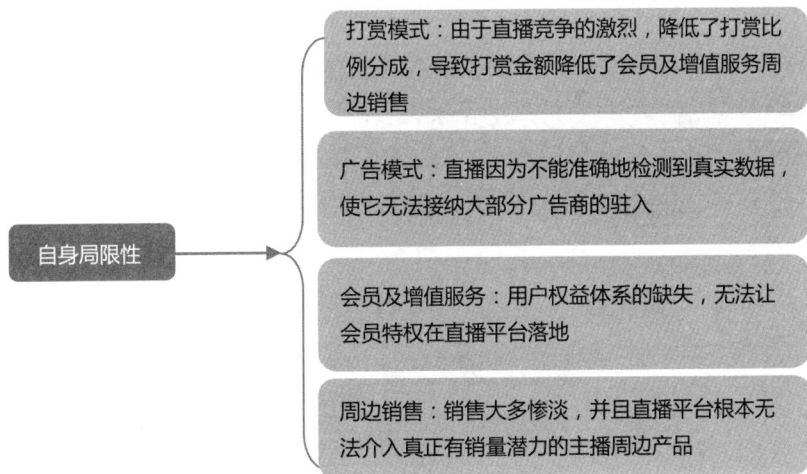

图 2-20　直播的自身局限性

除了上述列出的直播局限性的几个方面，还存在一些其他方面原因，它们都在一定程度上阻碍、影响了直播的发展，只有认清楚这些直播的困境，才能谨慎、认真地对待直播行业。

总而言之，不管是直播才艺展示，还是服装直播销售，在决定进入直播行业时都需要看清直播现状，做到可以规避这些容易出现直播困境的局面，必须意识到对直播行业存在的问题、真实现状心中有数，不能只看繁荣的一面，必须得早早意识到它存在的问题以及各种情况，如此才可以提前采取相应的应对措施，从而帮助自己在服装直播销售的道路上走得更加扎实和长久。

2.1.3 了解网红经济，助力流量变现

从事直播销售工作，需要了解网红经济和流量变现两件事情，这对互联网经济来说是非常关键的两点。下面将简单介绍这两个方面。

1. 网红经济

无数的网民通过进入直播间，对主播围观，并且根据直播间制定的方式，在线上和主播进行实时的交流、赠送虚拟的礼物来表达对主播的喜爱和支持，这其实也属于一种粉丝经济。

当然，这种粉丝经济与普通意义上的偶像和粉丝之间所产生的粉丝经济还是有一些不同，这种行为产生的一系列经济效益，被概括成一个新的词汇，即"网红经济"。网红经济已经成为眼球经济、粉丝经济、社群经济的一个入口。图 2-21 所示为网红经济的形成与发酵涉及的内容。

图 2-21　网红经济的形成与发酵涉及的内容

网红经济可以说是一个新的经济角色，它诞生于正在高速发展的互联网，这个角色正在完美成为一个连接点，在原本不太相近的设计者、制造商、销售者、消费者和服务者这几者之间塑造了新的关系、形成了新的连接。网红经济的出现和发展成为社会上不能忽视的存在，也为这个互联网时代的新经济带来了巨大改变和无限活力。图 2-22 所示为网红经济产业链条图。

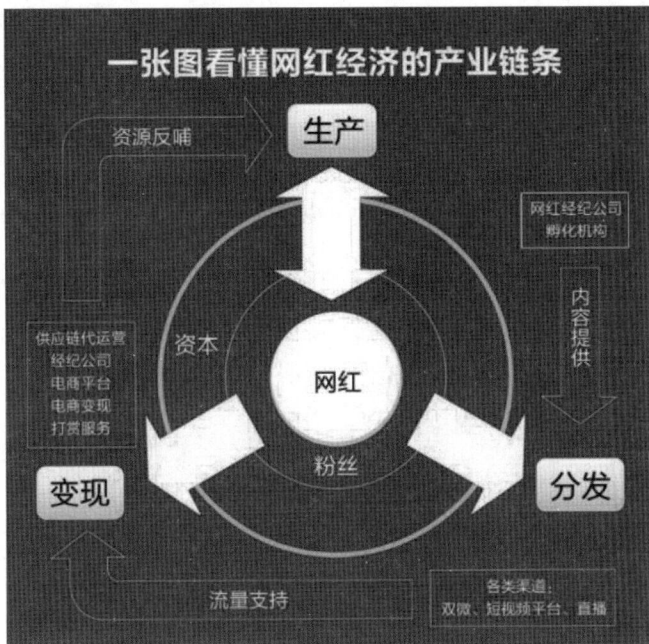

图 2-22　网红经济产业链条图

2．流量变现

如今，人们经常可以看见"自带流量""流量变现"之类的词汇，也常常听到直播行业、自媒体等行业纷纷表示要获得流量抑或留住流量，可以看出"流量"这个词一直是互联网的核心主题，那么究竟什么是"流量"呢？

在互联网上，流量代表的就是阅读量，如主页的访问人数等。它的本质是"注意力"，获得流量其实就是能够抓住读者的注意力，只有这样，才能进行其他一系列的商业转化活动。图 2-23 所示为母婴社区的拓展流量变现、追求流量价值的策略。

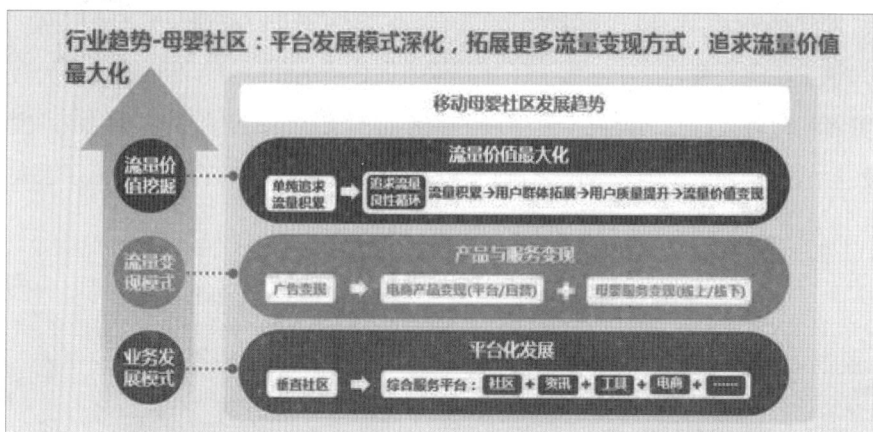

图 2-23　流量变现、追求流量价值策略

　　流量对服装直播的作用非常重要。在服装直播中，不仅要保障稳定的商品货源，还需要拥有流量，就像在挑选实体店铺的店址一样，最需要考虑的一个因素就是地理位置，这关系到店铺的人流量，在人流量大的地方，自然可以吸引到更多的人注意力，销售转化率就会高一些。

　　所以，在进入直播行业时，选择一个有流量保证的平台作为自己的基础力量是非常重要的，这可以让自己处于一个较高的直播起点。下节内容将介绍淘宝、蘑菇街两个网络直播平台的一些入驻方法、流量入口以及运行规则，帮助读者更好地了解这些平台机构，从而做到有针对性地在不同平台进行服装直播销售工作。

2.2　淘宝直播：千万商家店铺粉丝运营、互动营销的利器

　　淘宝网是国内首选的购物网站，是亚洲最大的购物网站，由阿里巴巴公司投资创办，现在已经成为国内购物网站的代名词。

　　淘宝中的淘宝直播板块虽然还没有真正地完善，但是已经具有一定的规模了，在这种情况下，选择淘宝网站进行服装直播销售是非常有利的，因为淘宝网站本身就拥有大量的商家店铺以及广泛的群众基础，使得淘宝直播成为粉丝

运营、互动营销的利器。图 2-24 所示为淘宝网的首页，以及各商家正在出售的商品。

图 2-24　淘宝中众多的商家店铺入驻和商品出售

2.2.1　解读淘宝直播的流量入口

前面提到，流量对服装直播的作用非常重要。淘宝平台本身就是一个自带流量的网站，它就像一个占据绝佳地理位置的店铺，拥有庞大的人流量，而淘宝直播的流量入口主要有两个方面，淘宝直播流量入口分析，如图 2-25 所示。

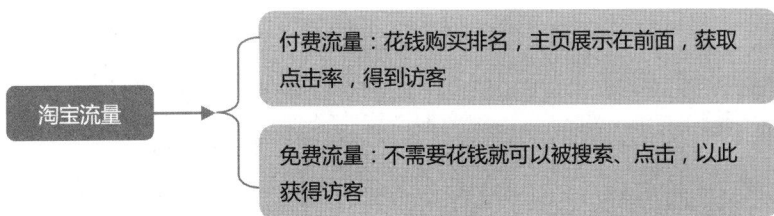

淘宝流量
付费流量：花钱购买排名，主页展示在前面，获取点击率，得到访客
免费流量：不需要花钱就可以被搜索、点击，以此获得访客

图 2-25　淘宝直播流量入口分析

付费流量的入口包括：直通车、钻展、淘客，这就相当于通过花费金钱在入口进行前期投资，类似于让品牌获得更高的认知度，花重金在各大平台进行广告投放，都是前期投资。

免费流量的入口较多。这些流量入口排在最前面的有手淘搜索和手淘首页，这两个入口是最为人所熟知的入口，流量自然也是最多的。用户只要根据这两个板块定下的规则，进行操作就有机会获得流量。其他的免费流量入口还包括聚划算、有好货、天天特卖、每日好店、拍立淘、微淘等非常多的板块。图 2-26 所示为淘宝平台的一些免费流量入口。

图 2-26　淘宝平台免费流量入口

只要后续可以提高产品销量，得到更大的经济收益，前期的投资就是必需的。但是切记不能一味地获得点击率、访客数，而是要注重转化率，否则前期的投入不能带来后续的销售，那就只能白白地在烧钱。

2.2.2　掌握淘宝直播的入驻方法

淘宝网站平台的自身资源、流量都非常适合进行服装直播销售工作，最先需要解决的问题就是如何在淘宝平台进行直播入驻。淘宝直播入驻有如下两种途径。

第一种直播入驻途径，首先在手机上下载淘宝 App，安装完成后，进行登录和注册；第二种直播入驻途径，主要针对商家、达人、档口主播，首先在手机上下载淘宝直播 App，安装完成后，进行登录和注册。

下面介绍第一种入驻淘宝直播的操作方法。

步骤 01 打开淘宝 App，进入 App 主页，在界面左上方找到"扫码"按钮⊡，如图 2-27 所示。

步骤 02 点击"扫码"按钮，进入扫码功能状态，选择"扫一扫"功能，如图 2-28 所示，然后从相册中选取官方指定的主播入驻的二维码，进行扫描功能状态。

图 2-27　找到"扫码"按钮

图 2-28　选择"扫一扫"功能

步骤 03 扫描二维码后，会显示"淘宝直播入驻"界面，在界面上点击"个人主播"按钮，如图 2-29 所示。

步骤 04 进入"个人主播入驻指南"界面，滑动屏幕至界面下方，点击"一键开通直播权限"按钮，如图 2-30 所示。

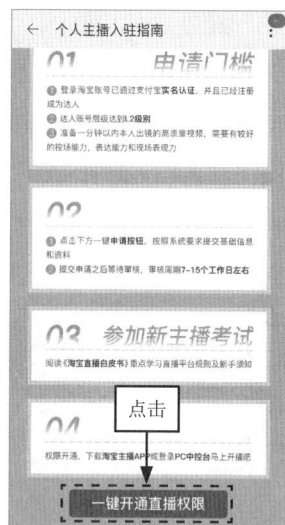

图 2-29　点击"个人主播"按钮　　图 2-30　点击"一键开通直播权限"按钮

步骤 05　进入"主播入驻"界面，在其中"实人认证"选项中，点击"去认证"按钮，完成认证，如图 2-31 所示。

步骤 06　实人认证验证成功后，选中"同意以下协议"单选按钮，再点击下方的"完成"按钮，即可入驻成功，如图 2-32 所示。

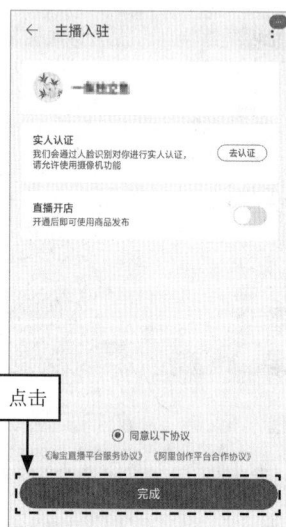

图 2-31　点击"去认证"按钮　　图 2-32　勾选协议，点击"完成"按钮

接下来介绍第二种入驻淘宝直播的操作方法。

步骤 01 打开淘宝主播 App，进入 App 账号后台，点击界面左上方显示的"主播入驻"按钮，如图 2-33 所示。

步骤 02 进入"创建直播"界面，在界面中根据个人实际情况填写相关信息，然后点击屏幕下方的"创建直播"按钮，如图 2-34 所示。

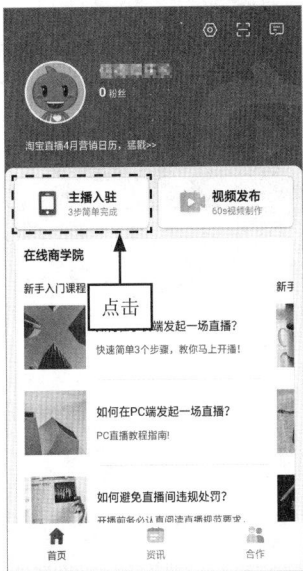

图 2-33　点击"主播入驻"按钮　　图 2-34　填写相关信息后点击"创建直播"按钮

步骤 03 进入"淘宝直播"界面，在"淘宝直播"界面右下角，点击"开始直播"按钮，如图 2-35 所示。

步骤 04 直接进入淘宝直播状态中，如图 2-36 所示。

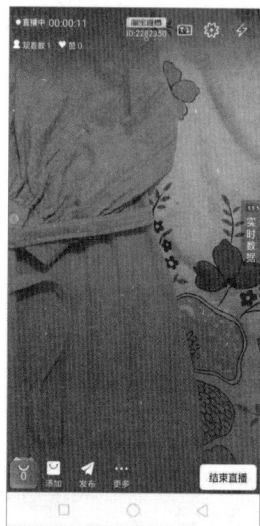

图 2-35　进入"淘宝直播"界面并点击　　　图 2-36　进入淘宝直播状态中
"开始直播"按钮

2.2.3　探讨淘宝直播的展现规则

每一个平台有着不同的运营规则，博主必须了解这些平台的制度、规则，这样在进行一系列的活动以及提高直播操作水平时，可以达到事半功倍的效果，从而使博主更好地在淘宝直播平台上发展。下面讲解淘宝直播中的商业变现和机构扶持两个方面。

1. 商业变现

对服装直播销售的工作来说，商业变现是非常重要的一点，也是大部分人非常关心的内容，因为只有把商业价值变现，才能获得实在的经济效益。商业变现的三种途径如图 2-37 所示。

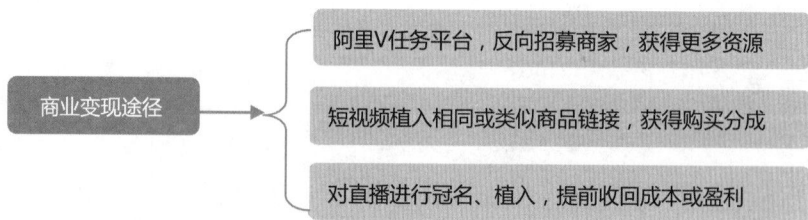

图 2-37　商业变现途径

2. 机构扶持

关于淘宝平台的机构扶持，首先需要明白的一点就是，无论是个人还是机构在淘宝上进行直播，如果可以得到淘宝平台的扶持都是一个好的机会。

淘宝会对用户设置流量的奖励机制、商家首先推荐机制，还可以让用户免费在淘宝大学进行培训等，这些扶持措施都能帮助直播博主获得极大的关注量，以及得到各种课程的培训，从而促进自身成长。图 2-38 所示为直播带货博主在淘宝大学举办的线下活动中的实战经验分享会。

图 2-38　淘宝大学实战经验分享会

获得淘宝平台的扶持是有一定评定标准的，它包括主播直播视频的播放量、内容质量、账号的活跃度以及视频的更新频率等因素，大家可以通过了解这些指定的衡量标准，有针对性地改善自身账号的不足之处，以使自己的账号能够尽早地被淘宝选为扶持对象。

2.3　蘑菇街直播：用户参与度高、销售转化有效的形式

蘑菇街作为一个分享时尚的 App，专注于女性消费者。旗下时尚电商板块中最火热的就是女性时尚电商栏目，其通过蘑菇街已有的各种条件，结合各种资源，

尽可能地给不同的女性用户提供她们所需要的各项服务，从而提高销售转化效率。

除此之外，作为一个电商网站，蘑菇街还添加了"动态发表"功能，用户可以选择"直播"或者"视频／照片"来随意发表动态，分享内容，类似于QQ、SNS这种社交App，这使得蘑菇街的用户活跃度得以提高，对蘑菇街的参与度加深。图2-39所示为蘑菇街的动态分享功能页面。

图 2-39　蘑菇街的动态分享功能页面

2.3.1　蘑菇街直播的频道流量入口

从蘑菇街的一系列销售数据来看，女性用户的占比非常大，同时她们的购买力非常强劲，完美地诠释了"她经济"的效应。通过对数据的分析，蘑菇街最重要的流量入口就是直播板块，通过直播的形式，有效地吸引了大部分用户的注意力，在直播带货的方式下，平台商品的销售额大幅度地增长。由此，蘑菇街正在大力发展直播板块。

2.3.2 蘑菇街直播的主播入驻方法

首先，在手机上下载蘑菇街 App，安装完成后，进行登录和注册。下面介绍入驻蘑菇街直播的操作方法。

步骤 01 打开蘑菇街 App，进入 App 主页，界面上方显示"直播"频道，点击"主播 & 机构招募令"广告信息，如图 2-40 所示。

步骤 02 进入"蘑菇街主播 & 机构招募令"界面，滑动屏幕至界面下方，点击"个人主播"按钮，如图 2-41 所示。

图 2-40 点击广告信息　　　　图 2-41 点击"个人主播"按钮

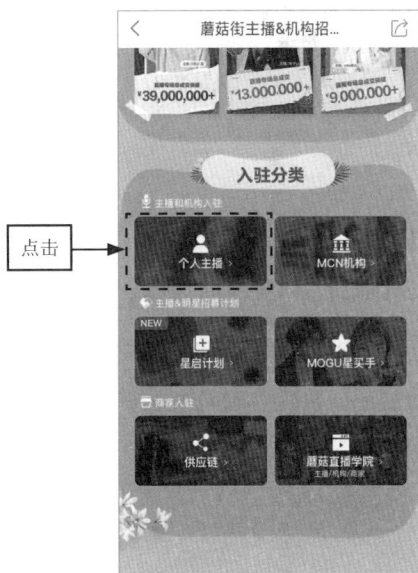

步骤 03 进入"蘑菇街主播招募令"界面，滑动屏幕至界面下方，点击"个人主播"按钮，如图 2-42 所示。

步骤 04 进入"蘑菇街 – 我的买手街"界面，根据个人情况填写相关信息，点击"提交申请"按钮，如图 2-43 所示。

步骤 05 进入"新试播解答"界面，界面显示了直播试播的相关要求，如图 2-44 所示。

步骤 06 滑动屏幕至界面下方，点击"点击开始 5 分钟试播之旅"按钮，如图 2-45 所示，即可开始试播。待试播完成后，根据界面提示进行相关操作，即可完成蘑菇街的入驻。

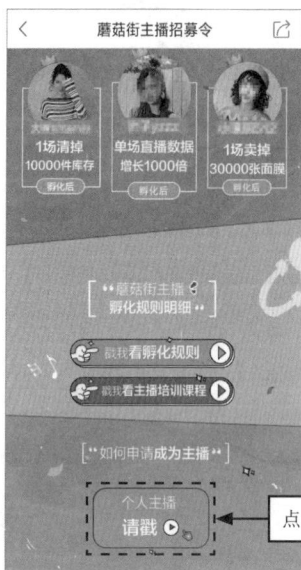

图 2-42 点击"个人主播"按钮

图 2-43 根据个人情况填写信息后点击
"提交申请"按钮

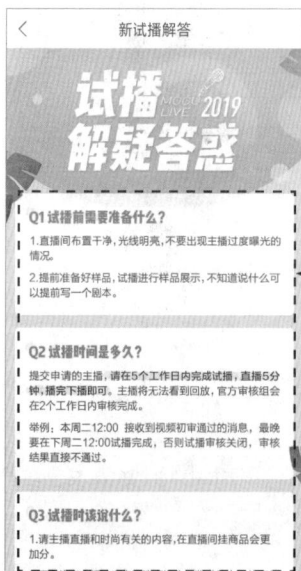

图 2-44 直播试播的要求

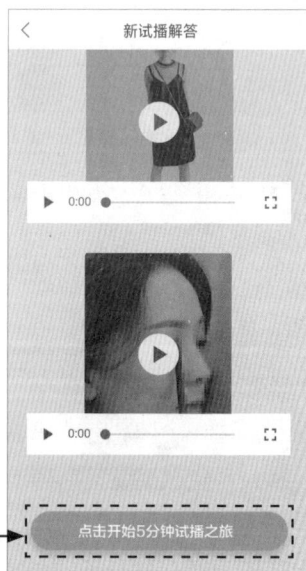

图 2-45 点击"点击开始 5 分钟试播之旅"按钮

2.3.3　蘑菇街直播的运营技巧策略

在蘑菇街成为一名服装销售主播后，平台会对新人主播进行各方面的培训，让他们可以更好地在主播这条路上发展，这些基础培训包括外在形象，语言的表达和语速的平衡，以及对所销售商品信息的了解等方面，这是因为直播不仅需要外形靓丽的主播进行直播，更加需要主播有能力把商品销售出去。直播销售中的几个关键阶段，如图 2-46 所示。

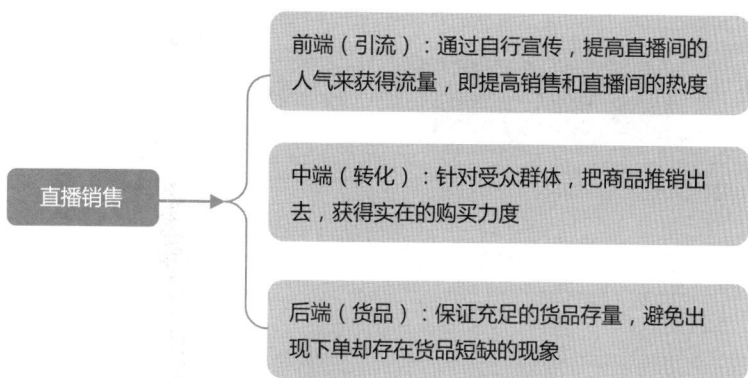

前端（引流）：通过自行宣传，提高直播间的人气来获得流量，即提高销售和直播间的热度

中端（转化）：针对受众群体，把商品推销出去，获得实在的购买力度

后端（货品）：保证充足的货品存量，避免出现下单却存在货品短缺的现象

图 2-46　直播销售中的关键阶段

在直播的前期，引流是比较困难的，速度也会非常慢，但是可以在拿到主播权限后去参加主播孵化项目，蘑菇街主播商学院会有一系列的主播培训和主播扶持，蘑菇街也会给新人主播一定的扶持和帮助，可以说是非常友善的，通过这种流量扶持活动，可以增加许多粉丝。图 2-47 所示为蘑菇街平台为主播提供的蘑菇街扶持计划战略。

中端转化非常考验主播自身能力，必须根据增加的粉丝的类型，有针对性地进行商品介绍和推荐，了解受众群体关注的点，尤其是推荐服装，需要做到让粉丝觉得购买这件服装是正确的行为，这就需要主播真正地了解货品，懂得推销技巧。图 2-48 所示为直播封面尽量地突出商品的特点，吸引用户点击。

图 2-47　蘑菇街扶持计划战略

图 2-48　直播封面突出商品优势

后端货品一直是一个重要的因素，货品的充足可以保障在直播中端转化的过程中，不会出现货品短缺导致中端的转化丧失意义的现象，蘑菇街有一个"供应链联盟"功能，可以解决机构和主播没有货卖的问题。

第 3 章

直播机构：了解直播机构
知识，找到运营捷径

在观看线上直播时，大家看到的都是主播面对观众时进行的现场直播，而对主播背后的团队和机构却了解甚少，对主播背后的运营机构如何选择？这些机构是如何运营的？本章以讲解运营机构为主，介绍一些关于直播机构的信息，帮助读者更好地了解直播背后的机构运营，挑选合适的直播平台。

3.1　外部机构：提供整套直播运营解决方案

外部机构进行承包活动就是指现在的代运营。代运营是帮助那些没有从事过电商板块的一些传统企业，可以开展网上销售、网上宣传等一系列的工作活动。这就需要代运营公司自身具备专业的知识，这些知识包括产品、营销、宣传等全方面和专业性强的知识，如此才可以为服务对象开展、策划活动。图 3-1 所示为代运营公司涉及的部分服务项目。

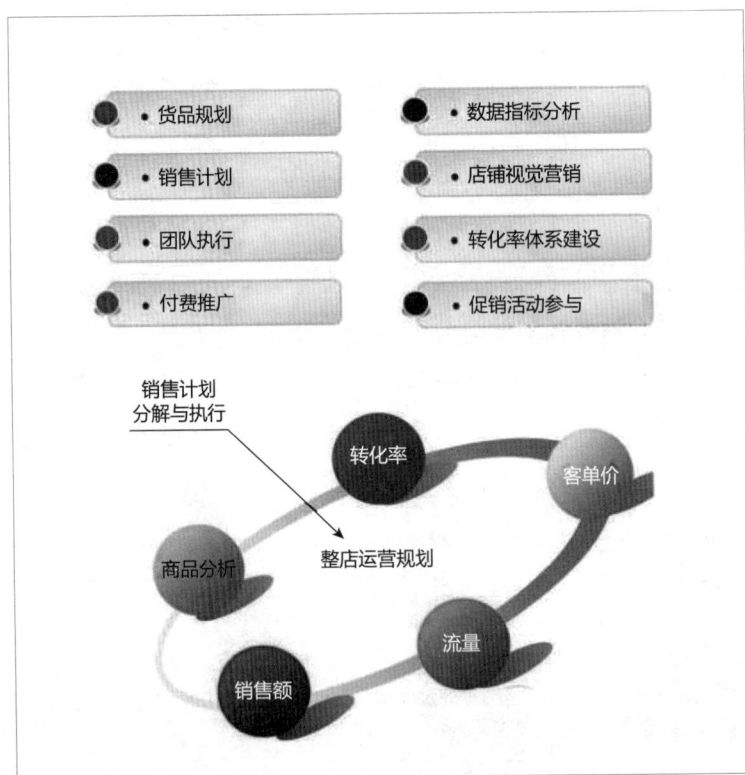

图 3-1　代运营公司涉及的部分服务项目

3.1.1 量身选择，了解代运营的类型

现在，市场上涌现出了很多类型的代运营机构，每一种机构都打着不同的宣传要点在进行宣传。随着市场的需求和发展，直播机构也在不断地往细分化发展，便于进行转型，寻找到自己的市场。代运营的类型如图 3-2 所示。

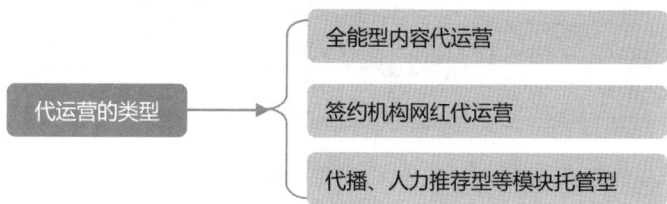

图 3-2　代运营的类型

1. 全能型内容代运营

全能型内容代运营是指运营机构能对主播个人、场景设定、推广策划等各方面进行运营管理，而现在市面上暂时还没有出现这种能将全套流程包办的全能型内容代运营，因为其对运营的要求太高。

市面上的代运营机构发展的时间，距今也不过短短几年，整体的发展水平处于摸索阶段。但是，随着这种市场需求的不断增长，未来的市面上会出现可以将全流程包办的内容代运营机构。

2. 签约机构网红代运营

在直播行业中，机构培养一个网红、直播电商主播，都需要在前期大量地投入各方面的成本，以不菲的资金进行专业的营销、推广的同时，直播电商还需要保证货源的稳定、保障货品的质量等。这些都需要耗费精力，对部分直播机构来说，是无法有充足余力去同时对多个主播进行孵化的。

根据这种情况的出现，一些机构就开始联合一些品牌店铺，共同来完成孵化网红的任务。孵化成功后，该网红就有机会直接为品牌进行后续的形象推广活动，从而为品牌带来经济效益。图 3-3 所示为恋尚文化传媒作为代运营机构与多个直播平台共同合作。

图 3-3　机构与网红代运营合作

3. 代播、人力推荐型等模块托管型

这是在代运营机构里非常常见的一种模式，相当于一种外包服务，把一些基础的工作，外包给专门的机构或者人，以此来节约投入的时间和成本。这种代运营类型仅提供一些单一模块的服务，类似主播的培训、代播，而那些重要的业务，仍然是由商家自己把控、运营，例如营销、推广这类的业务。类似于阿里公司就把淘宝客服这块的工作外包给其他公司，以节省自己的时间、培训和管理成本。图 3-4 所示为部分工作外包的六大优势。

图 3-4　外包的六大优势

3.1.2 趋势所向，选择代运营是一种趋势

直播市场的火热发展，不断地在吸引商家、主播、网红纷纷投入直播销售的新产业中，他们不惜大量地投入资金、时间、人力等成本，但个人的能力和精力始终是有限的，单打独斗的模式逐渐比不上团体、公司专业化运营管理的模式。

竞争的激烈也使得很多的商家、网红个体心有余而力不足，无法在直播销售产业中闯出自己的一片天地，由此就出现了代运营机构。这些代运营机构能够针对每一个客户的具体情况来进行代运营服务。图 3-5 所示为某代运营机构的服务项目宣传图。图 3-6 所示为选择代运营机构的优势。

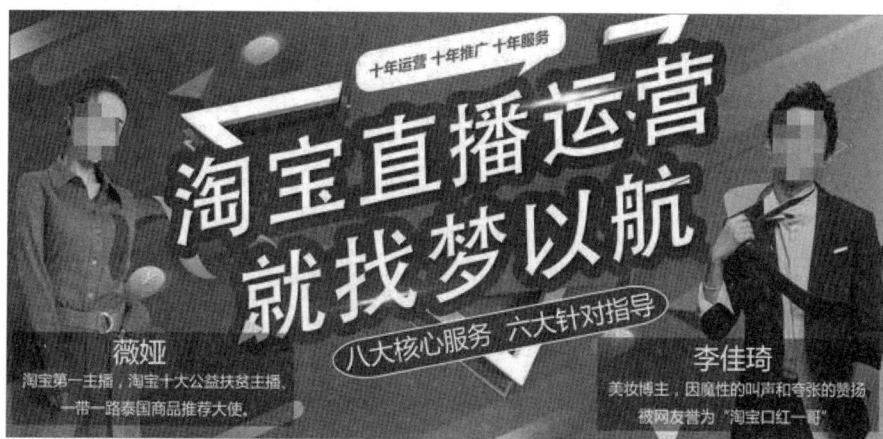

图 3-5　某代运营机构的服务项目宣传图

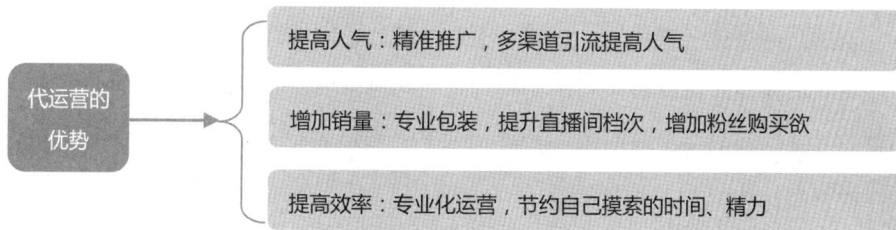

图 3-6　选择代运营机构的优势

3.1.3 类型判断，了解自己是否适合选择代运营机构

代运营机构的出现，为大量的个体和商家提供了专业的运营渠道；节约了个体和商家自己摸索的时间、精力；帮助个体、商家进行直播销售活动。那么，是否所有的个体和商家都适合去选择代运营机构来为自己服务，从而达到自己期望的效益呢？下面将对一些个体、商家类型进行分析，帮助商家了解自身情况，判断自己是否适合选择代运营机构，如图 3-7 所示。

图 3-7　是否适合选择代运营机构的分析

1. 创业型商家

个人创业，公司或者团队的运营规模暂时在 10 人以下，对于这种情况不建议去寻找代运营机构来进行直播运营。这种本身规模比较小的店铺，整体的状态不太稳定，即使选择代运营机构运营，自身的条件也很难维持后续的发展需求。所以这种规模小的团队类型寻找代运营机构是不太适合的。

2. 工厂型商家

由于商家自己拥有工厂，不管是自身实力还是经济流通都相对稳定，这类店家如果想进入直播销售行业，在直播销售中发展，那么可以根据自身的薄弱之处，进行有针对性的外包项目行为。

例如，通过代运营机构，选择主播代播项目，把主播直播这方面的内容交给专业的人员去操作，这也是考虑直播对主播自身素质、水平的要求。至于核心的运营业务还是商家自己来把控、运营。图 3-8 所示为专业主播为工厂型商家进行的代播服务。

图 3-8　专业主播在进行玉石直播

3. 批发市场商家

批发市场商家大部分属于自营状态，也就是倾向于自己亲自上场。因为这类商家所处的位置恰好集中在供应链上，也就是直播销售的后端。电商直播方式的兴起，相当于给这些本身就在售卖商品的商家开拓了一个新的出货方式。

这些商家拥有实打实的销售经验和技巧，尤其是在店铺里，实地进行直播操作，可以给粉丝营造更多的信任感和说服力。多年的线下经营经验，早使他们对供货渠道非常了解。

考虑到运营成本，选择亲自上场直播，也省下了一部分利润分成，可以减少运营成本方面的投入。图 3-9 所示为批发商家在实体店铺进行直播销售活动。

图 3-9　批发商家在实体店铺进行直播销售活动

4. 连锁品牌商家

以 KA（重要客户）为主的连锁品牌商家，他们自身的资源、发展情况等都比较稳定，在寻求发展的道路上方式也比较灵活多变，所以在直播方面对于合作范围的选择就比较从容、广泛，可以尝试各种类型的代运营机构。

一些品牌商家除了与前文提到的 3 种类型的代运营机构合作，还会根据品牌自身的发展情况和未来前景，自建网红孵化平台。图 3-10 所示为茵曼品牌母公司汇美集团的内部网红孵化创业项目落地仪式现场。

图 3-10　品牌商家自建网红孵化基地的仪式现场

当然，自建孵化器需要投入很多的资金、人工成本等，并且对专业的知识技能要求非常高，对一般的品牌商家不建议自建网红孵化基地。

3.1.4　确定最佳选择，挑选优质的代运营机构

市面上涌现出很多代运营机构，那么怎样在众多的代运营机构中判断其是否值得选择、是否可靠呢？任何同类的公司都会有高低、强弱、优劣之分，对不了解代运营机构情况的个人和商家而言，如何选择是一个难题。

如果投入资金，却贸然地选择代运营机构，那么轻者很可能会拖慢项目的发展进度，重者会造成后续持续的资金投入，而且难以看到成效。下面介绍两个选择代运营机构的方向，如图 3-11 所示。

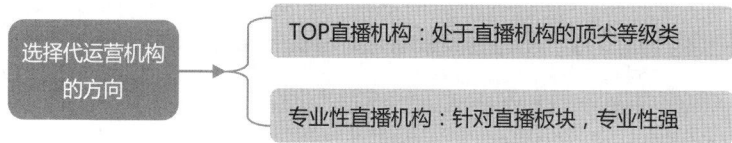

图 3-11　选择代运营机构的方向

1. TOP 直播机构

如果有选择代运营机构的需求，那么在资金比较充足的情况下，选择 TOP 级别的直播机构是一个不错的考虑方向。因为这种 TOP 级别的直播机构本身的资源是非常丰富的。它们之所以可以成为 TOP 级别机构，是因为其在行业信息交流、运营能力、培训机制、资源方面等具备绝对优势。图 3-12 所示为 TOP 级别的直播机构的颁奖活动现场。

图 3-12　TOP 级别的直播机构的颁奖活动现场

2. 专业性直播机构

选择 TOP 机构合作的费用较高，有些人可能难以负担，但是又希望找到可靠的代运营机构。在这种情况下，与那些专业性的直播机构合作，也是一个不错的选择方向。虽然比起 TOP 直播机构来说，他们在资源对接、信息沟通方面逊色一些，但综合而言也是非常不错的。图 3-13 所示为专业性直播机构。

图 3-13　专业性直播机构

3.2　直播机构：通过淘宝平台来了解直播信息

从事服装直播销售工作，其中重要的一点是在选择一个好的直播机构前，了解直播机构的一些运行方式和信息，这样才能根据已知的信息去接收新的信息点，同时了解直播行业中发布的一些措施会对行业有什么影响，进而对信息带来的利弊，能够自我调整，把握服装直播销售的发展方向。

下面将以淘宝直播平台作为分析模板，通过分析淘宝直播来了解现今直播机构的发展情况，从而帮助读者更好地寻找到成熟的直播机构，了解直播行业的一些资讯和带来的影响。

3.2.1　直播机构: 类似淘宝直播平台服务商

直播机构，可以说是一个新型的词汇和行业。首先需要明白什么是直播机构，类似于淘宝直播平台的服务商，它是帮助平台承接招募主播和孵化主播的角色。

招募的主播所获得的收益由平台、机构、主播三方进行分配，直播机构是从直播初期就存在的服务商。图 3-14 所示为某服饰直播机构为旗下主播提供的直播场所。

图 3-14　某服饰直播机构为旗下主播提供的直播场所

淘宝直播的观众数字庞大，活跃的直播间达数十万人，每天都有上万的直播间同时直播，旗下主播甚至可以每天创造带货破亿元的销售记录，全国有数百家淘宝直播机构。从这些庞大的各方数据可以看出，直播和直播机构在目前市面上已经迅速发展、成长起来。

在直播机构日常工作运营方面，也已经有了相对完善的发展模式，同时也会根据直播行业的发展水平、速度，时刻调整方针和措施，以此来配合。直播机构在日常运营中的工作任务和发展方向，如图 3-15 所示。

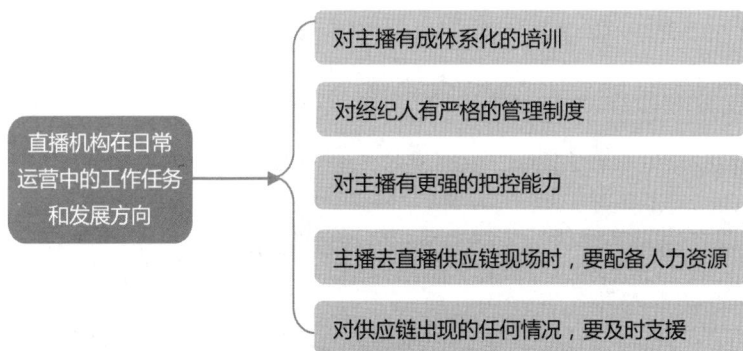

图 3-15　直播机构在日常运营中的工作任务和发展方向

此外，直播机构在培育、孵化主播方面，需要有针对性地、对不同等级的主播制定专属的培育计划，给每一位主播提供成长和学习的机会，帮助其进步，对于主播销售的商品，更加需要制定强硬的方案，从而保障机构和主播的权益，如图 3-16 所示。

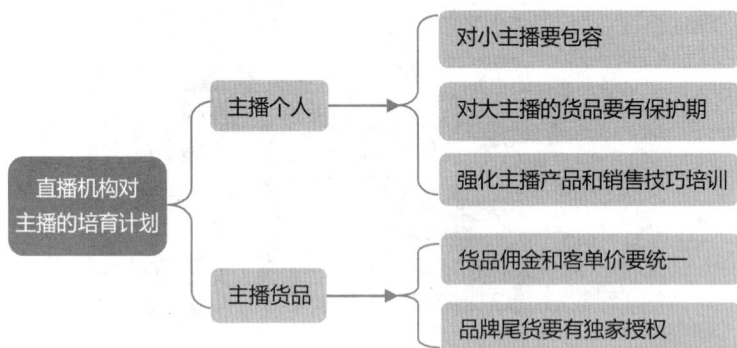

图 3-16　直播机构对主播的培育计划

可以看出，直播机构在运营和管理方面，必须要对直播行业中涉及的角色采取有针对性的管理机制，这样才可以提高自身机构的运行效率，在主播的培育方面也要更加上心，做到不浪费每一个主播的培育名额。

3.2.2　直播供应链：类似于淘宝的服装商家

随着直播产业的发展，以及电商直播对货源的迫切需求，全国已有大大小小近百家直播供应链。直播机构占据了淘宝直播近半的产品输送能力份额，而直播供应链占据了直播机构近半的产品输送能力份额。"直播供应链"这个词汇是近几年才正式亮相。图 3-17 所示为直播供应链的部分规划区域。

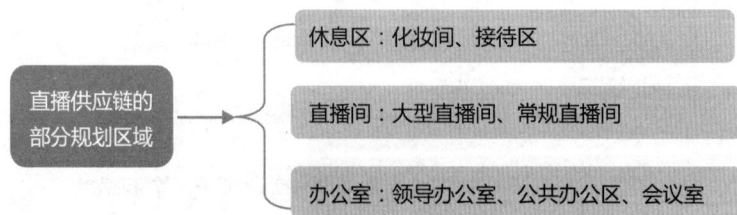

图 3-17　直播供应链的部分规划区域

"直播供应链"，其实类似于淘宝的服装店铺商家给从事商品销售的主播提供货源，和一般的服装商家不同之处在于，这些服装商家自己有专门的直播间，这样可以让那些主播直接在现场进行直播，根据直播情况进行现场选货，之后按照协商的情况和主播结算费用。图3-18所示为主播在商家店铺进行直播销售。

图 3-18　主播在商家店铺进行直播销售

现在的直播销售行业，对主播的投入已经比较完善了，各种机制也相对健全，都在尽最大可能地帮助主播更好地进行网络直播这项工作，但是，对于直播销售的货品来源、质量和供给方面的维系一直都是一个难点。

现在的电商直播，处于直播场景的转换过程中，越来越多的主播选择直接把直播场地换成销售货品供应链的场地。

这样就可以在直播中接触到更多的货品款式，也可以随意自由地选择，对供应链中合适的商品进行直播，在一定程度上解决了货品更新速度造成的信息差问题。图3-19所示为主播直接在货品供应链处进行直播活动。

图 3-19　主播在货品供应链处进行直播活动

　　直播销售的根本还是商品，不管直播内容多么吸引人或者精美，没有货品就是空中楼阁。现在的直播市场，主播和货品的结合成为强烈需求和趋势，于是出现越来越多的直播供应链基地。图 3-20 所示为服装的供应链基地。

图 3-20　服装的供应链基地

　　需求的缺口越大，就表示其中的商业机会越大，商业机会越大，在一定时间内，市面上就紧随着出现非常多的直播供应链渠道。同时，有些供应链商家会自设直播间，主动聘请主播来实地进行直播销售。图 3-21 所示为直播供应链基地提供的设备场地，协助主播进行直播销售。

图 3-21　直播供应链基地

让两个在直播行业中彼此对对方有需求的角色，联系到一起来进行合作，以此来解决直播机构缺优质的货源，直播供应链缺优质主播的尴尬问题。当二者连接到一起后，也会经历一段时间的磨合期，这是难免的一个状况，但是只要双方互相理解、配合，1+1 产生的效应会远远大于 2。图 3-22 所示为直播供应链和主播之间经历磨合时间的状态分析。

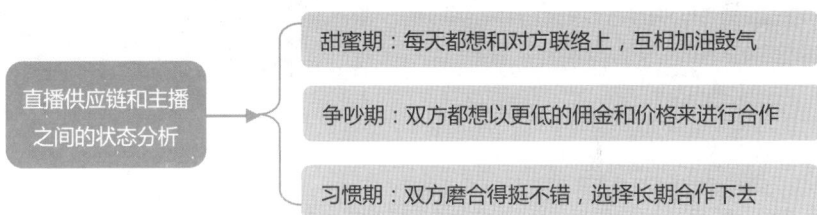

图 3-22　直播供应链和主播之间的状态分析

3.2.3　淘宝直播机构分层对行业有重大影响

淘宝平台正在计划实施分层机制，目前还在进行内测，从已有的消息来看：分层机制可能会把主播的等级分为 5 级，哪 5 级还不确定，每个级别的等级特权是不一样的，等级特权则是根据主播的经验值分值和专业分来划分的。

该分层机制一旦全面实施，将会在整个直播行业引起一定的连锁反应。从该分层机制的实施措施来看，不管是从直播机构还是直播主播个人来说，都因该分层机制的实施而产生新危机感和新的机遇。从淘宝实施淘宝分层机制来了解直播行业的新动向，如图 3-23 所示。

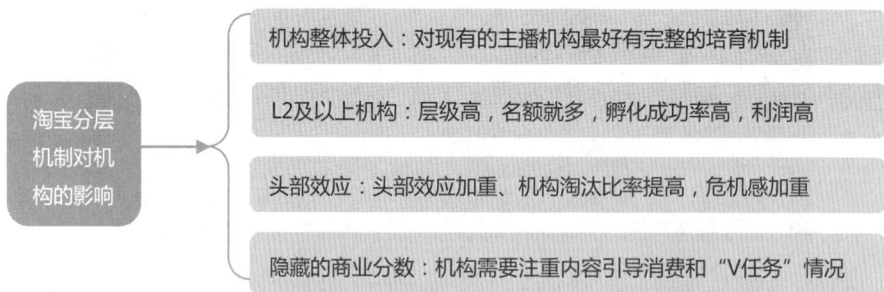

图 3-23　淘宝分层机制对机构的影响

初步从分层机构的实施带来的一系列影响和新的发展前景来看，其对主播个人和直播机构将会带来更大的挑战和新的契机。

1. 机构主播商业化的变现空间越来越大

直播的火热以及其产生的一系列的经济效益和营销效果，引发了一系列的连锁效应。其中，最突出的一个趋势就是，未来机构的主播商业化的变现空间将不断地扩大，引发这种趋势的原因就是各行各业商家对于直播越来越看重，如图 3-24 所示。

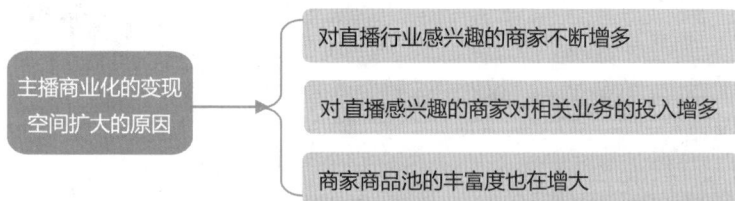

图 3-24　主播商业化的变现空间扩大的原因

2. 一个出色机构的作用和重要性

在直播行业中，淘宝平台对直播的运营重心，可以说一直都是注重机构这一块。金牌基地计划和机构产生了多种合作模式，以便可以更好地让机构发挥出其作用、拓展主播的直播途径范围，这些合作模式包括让机构旗下的主播尝试直播商城、直播市场、直播品牌、转型基地等。图 3-25 所示为主播直播商城、直播品牌的活动。

主播在商城内进行直播

主播针对品牌进行直播

图 3-25　主播直播商城、直播品牌的活动

此外，不能忽视的是，机构对主播的培育。可以说一个出色的机构对主播的作用是非常大的，在直播销售出现一些情况时，例如，商品退货，直播间出现粉丝投诉情况，以及粉丝的差评等情况，需要机构进行合理、有效的处理。

3. 机构主播未来商业化的变现途径广、空间大

机构主播未来商业化的变现途径广、空间大，其中关键性的一个原因就是信息传递方式会越来越发达和高效，尤其是即将到来的"5G 时代"，它将会给电商直播带来无限的可能性。三大运营商联通、移动、电信在共同举办的线上发布会"5G 消息白皮书"就表示将推出 5G 消息。图 3-26 所示为三大运营商发布的5G 消息宣传图。

图 3-26　三大运营商发布的 5G 消息宣传图

5G 消息将是一种新的通信方式，它不仅可以满足 4G 的功能，还能进行互动功能，从各方面的信息来看，可以明确地知道 5G 时代有着无限的发展可能性。电信就携手淘宝直播进行了一场 5G 直播的试水活动，如图 3-27 所示为淘宝主播在 5G 网络下进行美妆直播。

图 3-27　5G 网络下的美妆直播

在电商直播中，5G 网络直播可以减少商品在线上、线下的信息差异。顾客可以通过手机，对商品局部细节放大，从而使在线上观看的商品和实体现场观察的差别减轻到最低程度。在美妆类的直播中，甚至可以看清主播脸上的毛孔。这都将给未来的机构、主播带来新的挑战，同时也将增加、扩大主播的商业变现途径和范围。

3.3　直播平台：学会挑选平台，了解直播新风向

如果读者想要从事服装直播销售，那么作为一名新手主播，不管是选择单打独斗还是团队合作模式，学会挑选直播平台，都是非常重要的。

这是因为主播在面对无数的观众、长时间的直播后，很难有充沛的精力再去处理幕后的一系列问题，除了依靠背后的团队解决主播的后顾之忧，学会挑选直播平台进行合作，对直播事业的发展非常有帮助。另外，了解直播的最新风向，也可以发现并开拓更多的直播运营技巧。

3.3.1 多方面分析，助力快速挑选直播平台

现在市面上的直播平台层出不穷，如何在众多的直播平台中选择、判断出最适合自己的平台，是很关键性的问题。下面提供几个对直播平台进行分析的方向，如图3-28所示。同时选取淘宝直播、抖音直播这两个平台作为分析的模板，从而帮助读者更好地选择直播机构。

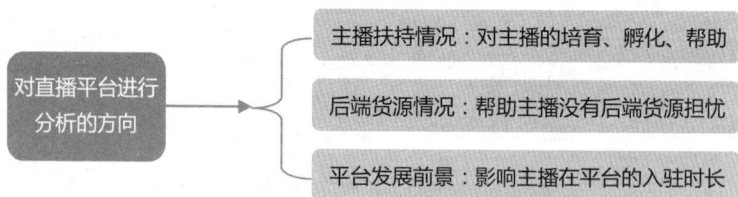

图 3-28　对直播平台进行分析的方向

1. 淘宝直播

淘宝作为一个直播平台，一向自带超强的流量和大量忠实的用户，这些都给淘宝平台在发展直播板块上，带来巨大的优势。"树大好乘凉"，这无疑给旗下入驻的直播主播提供了不错的发展空间，可以从图3-28中提供的分析方向来了解。

（1）平台对旗下主播的扶持情况

淘宝直播平台将会给入驻淘宝直播的主播提供丰富的扶持计划，例如淘宝希望通过与其他机构的合作，从而共同培育、打造优质的主播达人账号和内容，以此来促进消费、提高内容的价值。主播在入驻淘宝直播平台后，也可以在淘宝平台上享受一定程度的资源优势和协助，如图3-29所示。

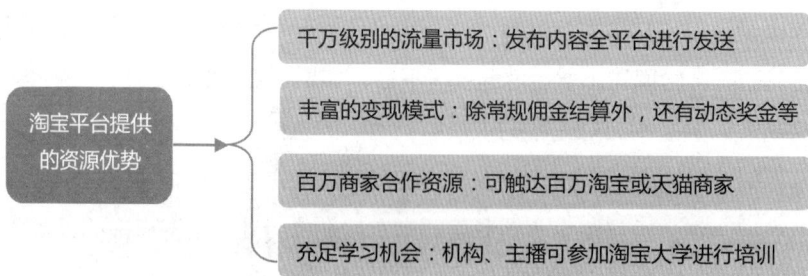

图 3-29　淘宝主播可以享受的资源优势

（2）平台后端货源情况

淘宝直播供应链的首选是从事批发生意，自带众多生产工厂货源的线下市场。图 3-30 所示为拥有多个档口、高产能的常熟服装城。

图 3-30　常熟服装城

其次就是一些品牌基地。品牌基地聚合了多种品牌商品，凭借这一优势，成为淘宝直播供应链的全新模式。

这些品牌基地汇集了众多的知名品牌和优质商户，不管在商品款式还是质量上，都有一定的保障，完全可以提供充足的优质货源。图 3-31 所示为品牌直播基地。

图 3-31　品牌直播基地

（3）平台自身发展前景

淘宝直播的发展盛况，可以说是有目共睹的，直播这一方式也为商家提供了难得的红利期。从淘宝平台实行的一系列的举措来看，未来电商直播的浪潮将继续翻滚，其原因如图 3-32 所示。

图 3-32　未来电商直播持续火热发展的原因

从图 3-32 中可以看出，淘宝直播未来的发展仍然强劲。同时，根据现有的趋势来看，在今后的整个淘宝直播中，商家将会成为电商直播的爆发点，商家是未来直播的趋势，淘宝直播中的高潜力行业。

2. 抖音直播

抖音作为现在最时尚的社交 App，拥有大量的用户和流量。抖音的用户数据庞大，并且处于不断的上涨模式，整个增长速度都很迅猛。图 3-33 所示为截至2019 年 7 月，抖音的用户人数分析。

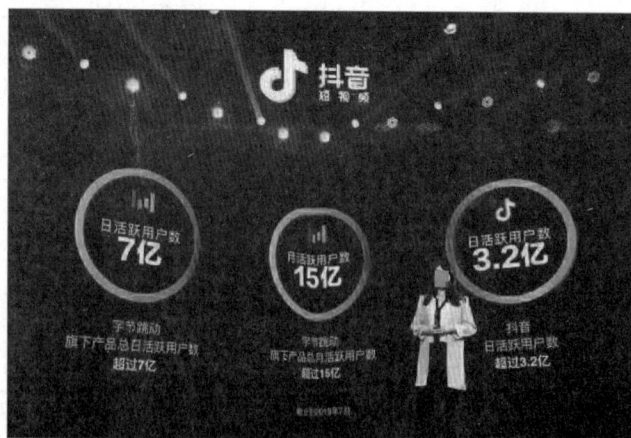

图 3-33　抖音的用户人数分析

作为一款短视频起家的社交 App，抖音已经成为大部分人日常会浏览、点击的 App，基于短视频所吸粉的抖音博主，随着电商直播的兴起，在抖音平台也开始大规模地发展起直播销售来，抖音平台也迅速地跟上步伐，在电商直播业务上的投入和管理上大力增加了资源。

（1）平台对旗下主播的扶持情况

抖音将给旗下的主播制定、实施合理的流量优化措施，从而避免出现中下层次的主播长期得不到流量的局面，同时将制定专门的新人成长扶持措施，此外还将提供多元的商业化服务，帮助主播进一步扩大自身价值，如图 3-34 ~ 图 3-36 所示。

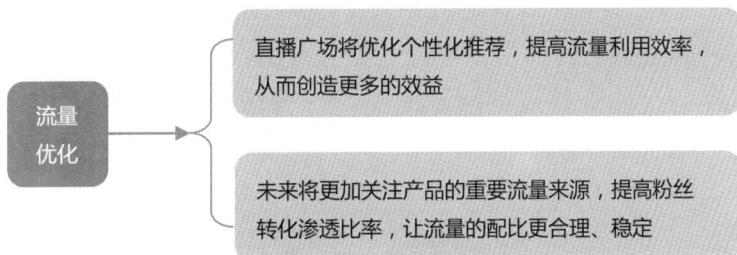

图 3-34　抖音流量优化措施

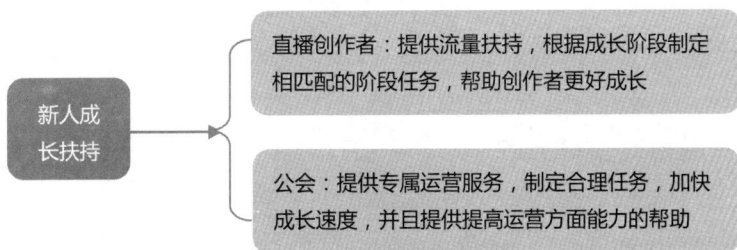

图 3-35　抖音新人成长扶持措施

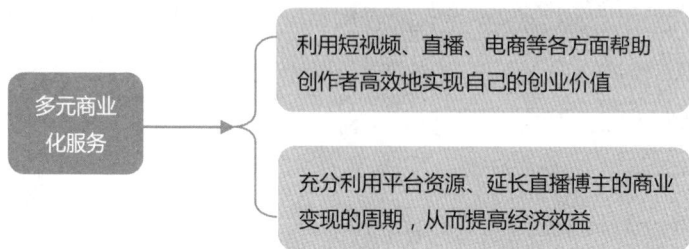

图 3-36　抖音多元商业化服务措施

在抖音提供的多元商业化服务上，抖音平台将会通过专业、系统、资源三方面进行整合，致力于替直播创作者创造提升、发展的空间，从而与创作者一同成长。

（2）平台后端货源情况

在抖音平台上进行服装直播销售，对于货品的来源方式，暂时有 3 种渠道可以供直播主播选择，如图 3-37 所示。

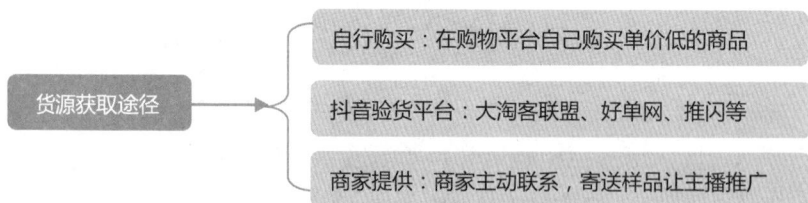

图 3-37　抖音货品获取来源途径

在 3 种货源获取途径中，抖音验货平台是现在抖音电商比较常见的货源获取途径。由于抖音电商的兴起，主播对货源的需求促使了验货平台的出现，它可以免去主播自行购买、挑选的时间投入。此外，推荐的商品在一些购物网站属于快销、热销产品，质量也过硬。图 3-38 所示为抖音验货平台"推闪"的网页。

图 3-38　抖音验货平台"推闪"的网页

（3）平台自身发展前景

由于抖音平台的特性，促使直播主播在抖音平台做直播销售，会有着绝对的优势。具体原因如下：

平台强大的流量。截至 2020 年 4 月，抖音在手机应用商店的安装量高达 85.8 亿次，抖音直播的发展，将会因为庞大的用户人数而拥有极大的流量市场和强大的发展后盾。

直播和短视频双管齐下模式。抖音最开始就是通过短视频起家，到如今很多主播都是直播、短视频两面发展。如此一来，只要主播的短视频得到平台推荐，直播的时候就能涌入大量用户，相当于短视频涨粉、直播变现，留住粉丝。

3.3.2　机构主播运营策略，赶上电商直播的风口

随着信息传递方式逐渐发达和高效，即将到来的"5G 时代"，会带给电商直播无限的可能性。图 3-39 所示为信息传达方式的变化过程。

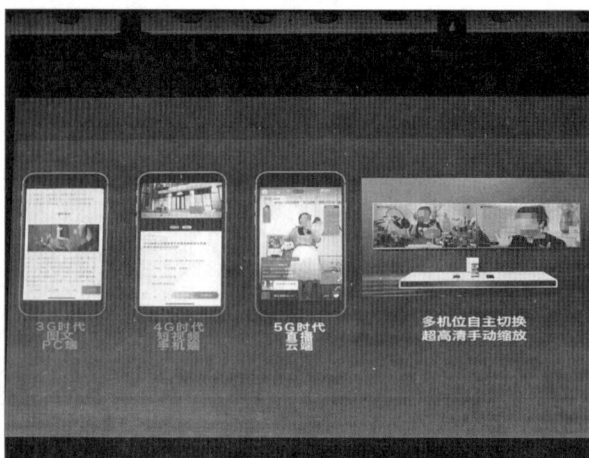

图 3-39　信息传达方式的变化过程

从时代科技的发展速度来看，从事直播行业最好的时间点有两个，一个是 3 年前，另一个就是现在。下面将通过多个方面来描述机构主播运营策略的一些新动向和新玩法。

1. 机构玩法：直播商业化时代的自运营策略

随着直播商业化时代的到来，机构对于直播的玩法形成一套自有的运营策略。通过范围划分，可以把直播中的人物角色分为 4 部分，如图 3-40 所示。根据这 4 类角色，有针对性地制定运营策略、实施运营方针。

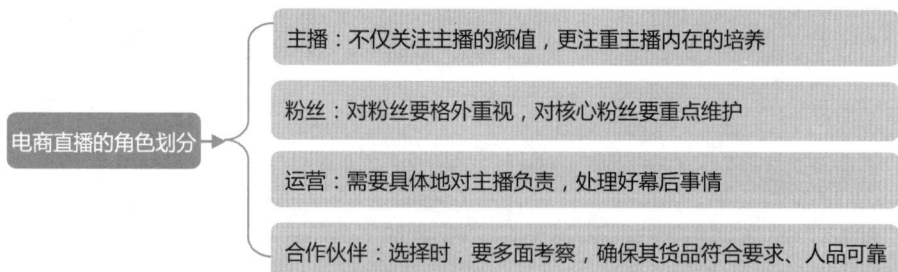

图 3-40　电商直播的角色划分

其中，在担任直播运营角色方面，角色除了为主播提供一系列幕后帮助，还可以设置招商，对于需要进行直播销售的产品，应该仔细地考察，确保品质符合销售产品的要求。

淘宝直播的负责人赵圆圆说："对于产品，需要尽快找到产品的两方面卖点：功能卖点和价格卖点。功能卖点即产品的优势和特点，而价格卖点则包括产品的营销策略和价格优势等。"图 3-41 所示为团队测评、挑选商品。

图 3-41　团队测评、挑选商品

2. 运营方向：新机构和新主播运营成长计划

想要跟上时代的发展，在电商直播中走得长久、稳当，现在的运营大方向就应当是注重机构和主播的学习、自我提升状态。制订好新机构和新主播的运营成长计划，让机构和主播时刻保持自我反省的心态、随时具备危机意识。图 3-42 所示为在淘宝直播机构大会上，赵圆圆发布的 3 个自我检验问题。

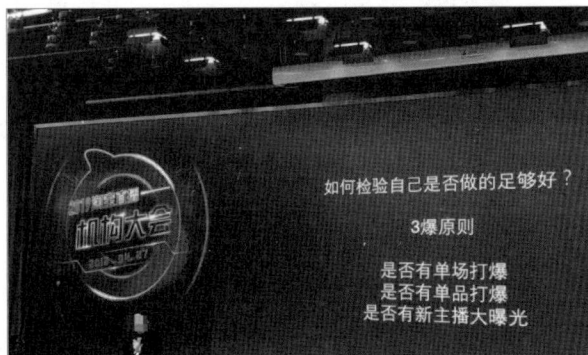

图 3-42　机构和主播的自我检验问题

在未来主播的培育计划中，需要让主播自我审查、自我反省，时刻保持冷静，具有忧患的意识；在今后的机构发展方面，需要学会深耕模式发展，找准方向，有效地利用好资源，切忌蜻蜓点水式地在各个方面都摸索、挖掘一下，否则将会被慢慢淘汰。

3. 启明星计划：重构明星与品牌商家的关系

启明星计划，就是邀请明星加入电商直播当中。通过这种模式，利用明星的影响力，为电商直播引入更多的消费群体。也可以为直播带来更多新颖的直播内容、使其接触更多领域，如图 3-43 所示。

图 3-43　明星涉足电商直播

品牌商家可以通过这一途径，有机会和明星一起合作进行直播，利用明星的影响力，吸引更多的消费者，同时也能大大提升自身品牌的影响力。

明星直播带货模式产生的多重效益被越来越多的直播平台意识到，淘宝、蘑菇街都已经在这方面投入了资源，明星加入直播也成为网友期待看到的一种现象，未来有机会出现的更多的电商模式就是"明星＋主播"。图 3-44 所示为蘑菇街的 MOGU 新买手计划。

图 3-44 蘑菇街的 MOGU 新买手计划

4. 金牌基地计划：打造优秀的金牌直播基地

金牌基地是由产业带动直播的升级模式，金牌基地计划是对直播销售商品的基地进行评比，通过性价比、管理、运营等标准来评选，从而可以挑选出一批优秀的基地作为直播销售的货源，帮助直播机构和主播更好地挑选货源，让消费者买到优质商品。图 3-45 所示为在淘宝直播盛典中，年度优秀供应链的颁奖环节。

图 3-45 年度优秀供应链的颁奖环节

5. 直播让更多的小众产品与大众的距离变短

电商直播通过网络平台，让更多的小众商品出现在大众眼前。对于一些平常难以接触到的珠宝类商品，消费者可以直接通过直播进行观看、挑选、购买。图 3-46 所示为珠宝类商品直播过程。这给小众的产品带来了新的售货渠道，同时也为更多的小众产品进入大众市场提供了发展模式。

图 3-46　珠宝类商品直播过程

第 4 章
知识储备：服装知识点与职业拓展规划

从事服装直播需要了解一些基础知识，这些知识或许短时间内不会凸显它的作用和功能，但是对职业有协助作用。掌握服装的基础知识，能够从各方面更好地从事服装直播。本章还介绍了一些服装直播对于职业拓展的规划内容，希望读者仔细阅读本章内容。

4.1 了解服装信息，掌握基础知识

从事服装相关的工作，特别是直播这一全方位立体地展现服装、展现本身魅力的事业，要想在服装直播中让粉丝相信你，你就需要了解一些服装背后的知识，以便你更好地进行服装直播。

天下没有容易做成的事情，从事任何一项工作都会有一定的难度，但是你可以站在巨人的肩膀上，避免重复地探索，节约时间，利用那些已经有人归纳总结出来的知识点，作为自己服装直播之路的基本储备、垫脚石。

本节主要介绍服装直播的基础知识，如服装的功能、材料、搭配、色彩以及生命周期等内容。

4.1.1 了解服装功能，明确服装意义

人类最开始是用树叶、动物皮毛等材料做衣裳，使它起到遮挡、保护以及保暖的作用，这就是服装本身的功能。随着人类生活的不断发展，服装的功能渐渐演变，被赋予了一些其他的功能。下面介绍服装的功能。

1. 服装的保暖功能

服装具有保护和保暖的功能。比如在炎热的天气下，所穿的衣服就是起保护作用，使皮肤不被太阳晒伤；在寒冷的天气下，就特别看重衣服的保暖功能。在室内比较暖和的环境下，人们衣服会穿得比较少，此时服装的功能更倾向于使人变美。图 4-1 所示为外套在不同场景下的展现方式。

图 4-1　外套在不同场景下的展现方式

　　气候也是影响选择服饰类型的一个重要因素。地区气候偏向炎热或较热的时候，人们普遍会选择比较透气、凉爽的衣服；地区气候偏向寒冷或者阴冷的时候，人们会倾向于选择保暖、棉质类有保温功能材料的衣物。图 4-2 所示为炎热时穿着清凉的衣物，而寒冷时穿着保暖的衣物。

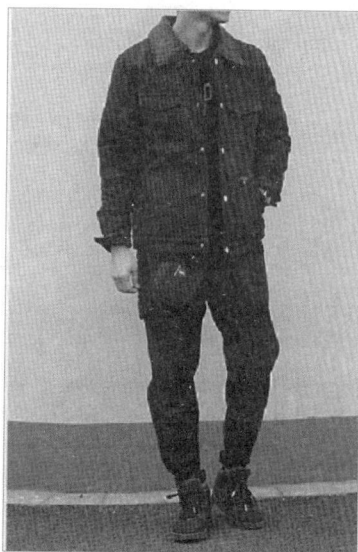

图 4-2　不同气候影响服装的选择

2. 服装在社会、文化道德上的功能

服饰可以透露一个人的社会地位、职业等。根据个人的服饰，可以有效地分辨出其职业，也可以通过衣服初步判断其社会地位。在不同的时代，身居高位的人会将某些特别的服装或饰品保留给自己使用。例如，古代只有皇室贵族才能穿着彰显高贵地位的龙袍、凤袍，如图 4-3 所示，普通老百姓是不能穿的。

图 4-3　龙袍、凤袍

（1）社会地位：高价格的服装顺理成章地限制了部分人购买与使用，高级服装定制需要有一定经济基础的人才能负担得起。图 4-4 所示为高级服装定制现场，需要专人进行特别的制作，费用自然会昂贵一些。

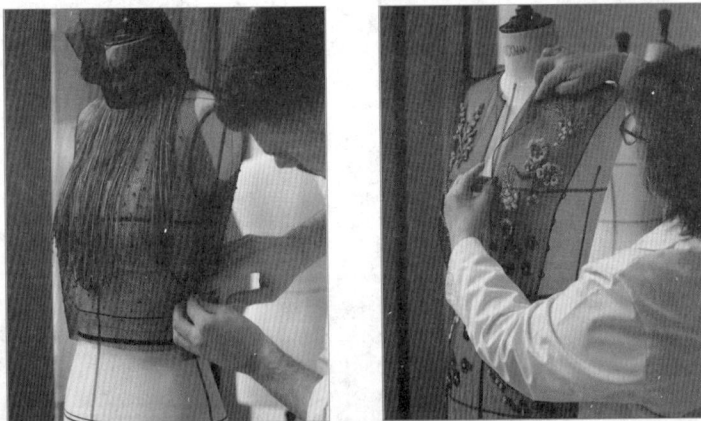

图 4-4　高级服装定制现场

（2）职业：军人、警察、消防队员通常会穿着指定的制服，常常根据服饰就可以判断出其职业属性，大部分企业也会选择统一的服饰，以此来体现一种企业文化，大家穿一样的衣服。除此之外，单是一件服装或配件，就可以表明一个人的职业或身份。例如，消防服与厨师帽都是职业特征很明显的服饰，一眼就能看出其职业类型，如图 4-5 所示。

消防服 厨师帽

图 4-5 职业服饰特征

（3）品位、风格：服装可以塑造一种感觉。人们在面对一个穿着偏向大众、柔和的人时，往往容易产生亲切感；对于一个穿着夸张、强烈的人，往往会产生好奇，会默默地思量，并对其产生轻微的距离感。图 4-6 所示为穿着简单、温和的服装与穿着风格强烈的服装对比效果。

图 4-6 不同服饰风格给人不同感觉

由此可见，根据服装类型也可以看出一个人的品位、审美和个人风格，人们对一个人的第一印象就是通过对方的脸和所穿的服装来判断对方的为人与性格，以此在心里判断是否与对方接近。

4.1.2　了解服装材料，增加知识储备

衣物材质一般包括棉、涤纶、锦纶等各种纤维制品的编织物，由编织产生布料最后加工成服装。同样在现代社会中，更多的材料被引进了服装材料的生产中，比如金属、纸等，常见的衣物材料包括布、丝、羽毛、皮革、尼龙、麻等。图4-7所示为布材质。

图 4-7　布材质

不太常见的衣物材料有树皮、纸、橡皮、聚氯乙烯、塑胶、金属等。这类材质在一般情况下是不能作为衣服材质的，但是在很多地方，有人把这些材料运用到服装中。图 4-8 所示为由纸、塑料制作的服装成品。

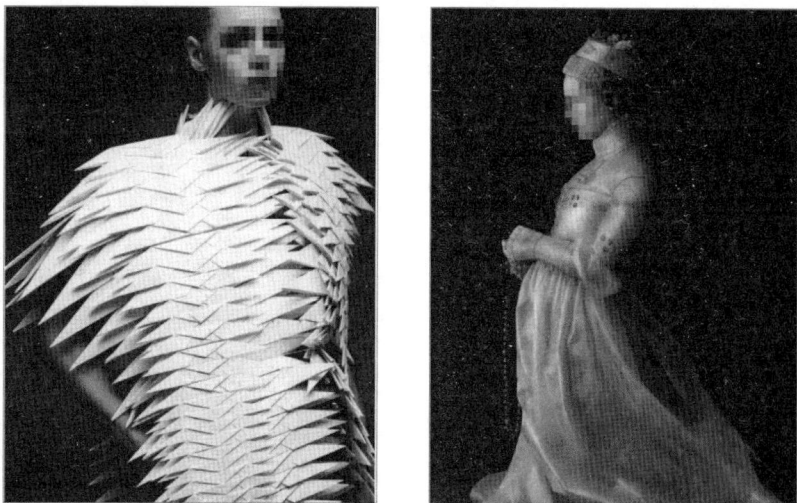

图 4-8　由纸、塑料制作的服装成品

4.1.3　通过服装搭配，增加自身美感

服装搭配是一门基础且高深的学问，掌握基础的服装搭配知识和技能渐渐成为现代都市人的基本需求。合适、恰当的服装的搭配在很大程度上可以突出自身身材的优势，还可以修饰自身的不完美之处。下面介绍服装搭配的效果，以及如何辨别适合自身的服饰风格。

1. 服装搭配原理

服装搭配通常以利用服饰把人物装扮成大方、得体、富有魅力的女性（男性）为主要出发点，这也是人们在搭配服装时最主要的行为心理动机。

在某种特定的场合下，人们也会有目的地进行服装搭配。例如，在择业、择偶、交友、社交、业务往来等方面，通过服饰的搭配可以使一个人得体、恰当、充满自信地去面对不同的人。除此之外，服装搭配兼具娱乐欣赏性。

2. 服装搭配效果

对服装进行合理的搭配，可以完美地掩饰自身的不完美之处，始终把最美的自己展现在其他人的面前。图 4-9 所示为通过将裤子更换为裙子的效果，最大化地改善了自身的不足。

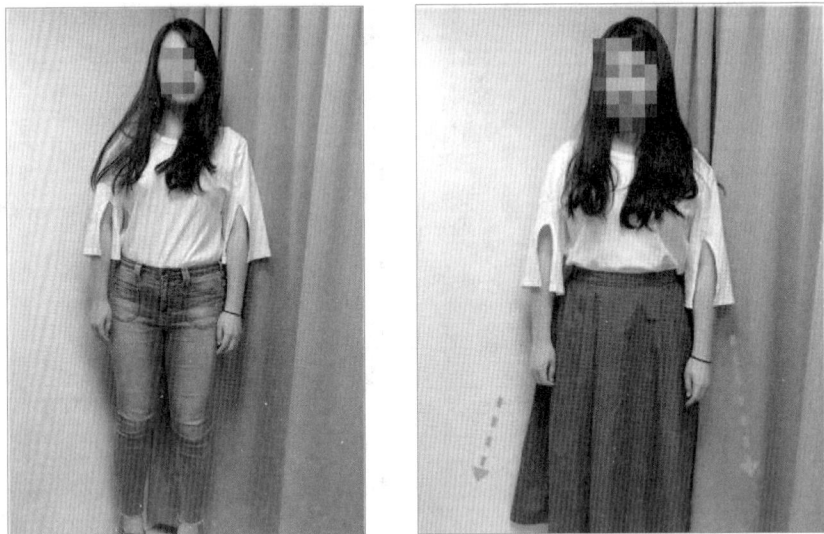

图 4-9　不同服装搭配的效果对比

一个人的服装搭配一旦不当或者不合适，就无法很好地展现自己，甚至会放大自身的缺点。例如，脖子短却选择高领上衣，大腿太粗却选择热裤、紧身牛仔裤，这样会在无形之中凸显自身的缺点。正确的选择应该是脖子短的人选择 V 领上衣，腿部太粗的人选择阔腿裤或裙装。

3. 服装搭配测试

如何判断自己的服装搭配，可以尝试咨询祺馨色彩，它是拥有培训、考核、认证的正规色彩形象顾问机构，一般从如下 3 个方面来协助用户选择合适的搭配风格。

（1）定位个人色彩：了解、测试合适的色彩范围，利用国际标准得出个人的色彩季型，为客户提供着装和用色的规律，进行深度分析，让客户在不同场合学会完美配色。

（2）定位个人风格：为客户明确最合适的生活穿搭、职场服装等服饰风格，通过了解各人的年纪、体型、日常生活环境、工作办公环境等，来为客户选择最恰当的日常生活装、工作服以及其他场所环境的不同款式，涉及鞋、耳环、丝巾、领带等风格及款式。

（3）体形身线（女士）分析：明确客户的身材比例风格诊断及服饰风格定位技术，以个人实际的体形、身形来量身定制。

4.1.4 认知服装色彩，让人眼前一亮

服装色彩是服装观感的第一印象，它有极强的吸引力，若想让其在着装上得到淋漓尽致的发挥，必须充分了解色彩的特性。恰到好处地运用服装的色彩，不但可以修正、掩饰身材的不足，而且能强调、突出一个人的优点。

消费者对服饰的色彩、款式、图案和质地常常会显示出某种偏爱，这种偏爱是个人个性的反映和表露。其中，服饰色彩与个性的关系最为密切。

1. 了解色彩

（1）色彩分为基本颜色与彩色系。基本颜色的色彩分析如下。

● 原色：包括红、黄、蓝 3 种基础颜色。

● 间色：包括红 + 黄 = 橙、红 + 蓝 = 紫、黄 + 蓝 = 绿。

● 复色：包括黄 + 橙 = 橙黄、橙 + 绿 = 棕。基本颜色如图 4-10 所示。

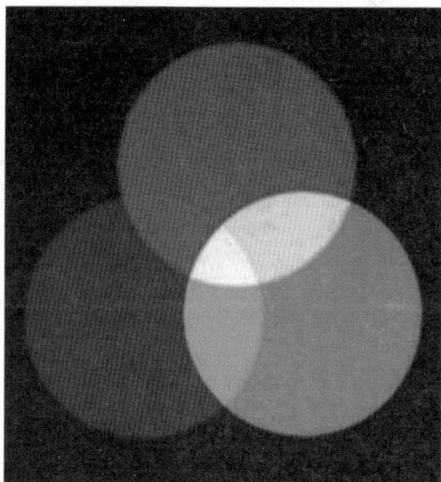

图 4-10 基本颜色

（2）彩色系包括红、橙、黄、绿、青、蓝、紫等颜色，不同明度和纯度的红、橙、黄、绿、青、蓝、紫色调都属于有彩色系，有彩色是由光的波长和振幅决定的，

波长决定色相，振幅决定色调，其基本特性取决于色相、纯度和明度，相关分析如图 4-11 所示。

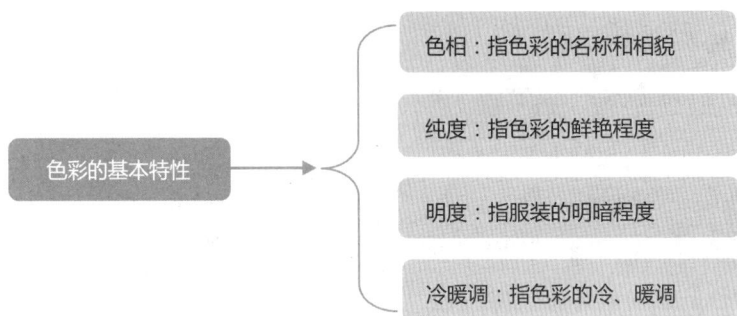

图 4-11　色彩的基本特性

图 4-12 所示为不同色相、纯度、明度的视觉效果。

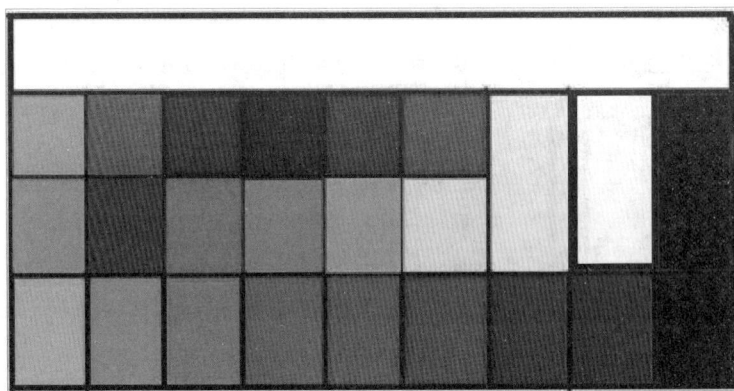

图 4-12　不同色相、纯度、明度的视觉效果

2. 服装、服饰的颜色

颜色分类包括如下内容。暖色：红、橙、黄、棕；冷色：绿、青、蓝、紫；中间色：黑、白、灰。图 4-13 所示为颜色的分类。

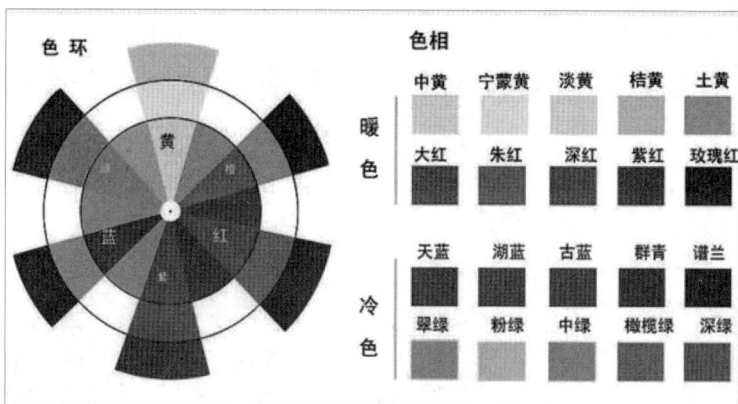

图 4-13 颜色的分类

服装颜色的搭配技巧如图 4-14 所示。

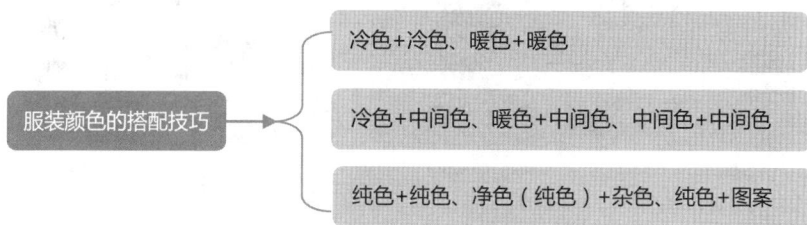

图 4-14 服装颜色的搭配技巧

3. 颜色性格

不同的服装色调体现了不同人的性格，对颜色性格进行相关分析，如图 4-15 所示。

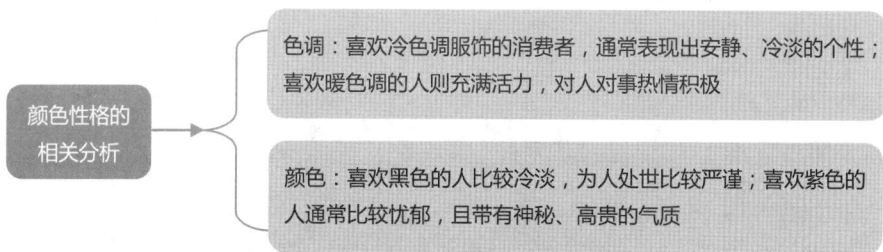

图 4-15 颜色性格的相关分析

对服饰颜色的选择可以适当地贴近自己的性格、年纪，以此呈现出一种和谐的状态。例如，安静、内敛者可以选择冷色调的颜色，如银色、深色等，以符合自身冷静、平和的心态。青春活力者可以选择色彩明亮、活力十足的颜色，以此来凸显自己的个性，如图 4-16 所示，穿着不同颜色的服饰可以改变自身的气质、形象，以此满足在不同环境下的形象需求。

图 4-16　不同服装颜色营造不同的形象

有时，我们可以利用色彩给人的不同感觉，来进行自身气质的改善，通过改变服装的色彩来营造一种不同的感觉。性格比较安静、内向者，可以考虑宝石蓝、粉色等明亮的服饰颜色，来展示青春、活力的味道；性格活泼、好动的女性，则可以借助冷色调中的蓝色、米色或茶色的服装，以增添安静、温和的气质。

4.1.5　深入了解服装，洞察服装心理

在当今社会，服装所代表的东西越来越多，选择一件服装，它的颜色可以在一定程度上代表一个人的喜好、性格。除此之外，服装还拥有"心理"这一特质，下面讲解由服装所演变、生成的两种心理现象。

1. 服装给人的心理暗示

很多服装会表现出穿衣者的端庄仪态。不同的服饰给人的感觉和心理暗示不一样。

2．某些人对服装有特别的偏好

当两个不认识的人初次相见时，服装与穿着打扮是给人的第一印象。有些人会因为对方服装的类型与自己的气质相符，而对对方产生好感，愿意与对方成为朋友或者继续发展友好关系。例如，有些人很喜欢女生穿着白裙，长发飘飘的感觉，当其遇到一个穿白裙且留长发的女生时，就很容易对对方产生好感。另外，某些人会对某一种具体的服饰品单纯地迷恋，如蕾丝、豹纹等。

4.1.6　提高服装价值，延长生命周期

如何提高一件服装的生命周期，使它的穿着次数增多，同时如何使一件已经不再被需要的服饰可以发挥它更多的价值？下面主要介绍提高服装价值的相关知识，主要从保养、清洗、熨烫、存放、循环等几个方面来讲述。

1．保养

服装的损坏来自内外两个方面。从内部来说，人体自身在不知不觉中脱落的表皮细胞，分泌的油脂、汗液、尿液及粪便，都会让衣服变脏；从外部来说，阳光、湿气、磨损及污垢也会使服装表面受损。

如果没有及时清洗和修补，那么衣物穿在身上会让身体发痒且有失体面，所以需要将衣服表面的脏污清洗干净，同时还要根据衣服的材质来进行洗护和保养。例如，有些衣服不能用洗衣机清洗，否则会破坏衣服的衣型或者影响衣服的一些功能。

2．清洗、熨烫、存放

根据衣服的材质选择合适的清洗方式，必要时可以配合化学溶剂干洗。水洗干净后，最好根据衣服的材质类型，选择洗衣机甩干、晾干或烘干，因为有些衣服材料遇水会缩水（羊毛、皮革等）或褪色（某些丝绸制品），不恰当的清洗方式往往会损坏衣服的感观，甚至毁掉一件衣服。图 4-17 所示为纯棉衣服的版型由于缩水而改变了整体衣型。

图 4-17　纯棉衣服原版型与脱水版型的对比效果

　　另外，针对含有纤维材质的衣服，单纯地进行晾干，会发现衣服上有褶皱痕迹，可以通过熨烫来解决这一问题。如果觉得熨烫麻烦，那么可以在挑选衣服的时候购买标有"无皱""免烫"等标签的纤维衣服，有这种标签的服饰在打理方面比普通服饰容易得多。图4-18所示为普通和"免烫"衬衣清洗过后的褶皱对比效果。

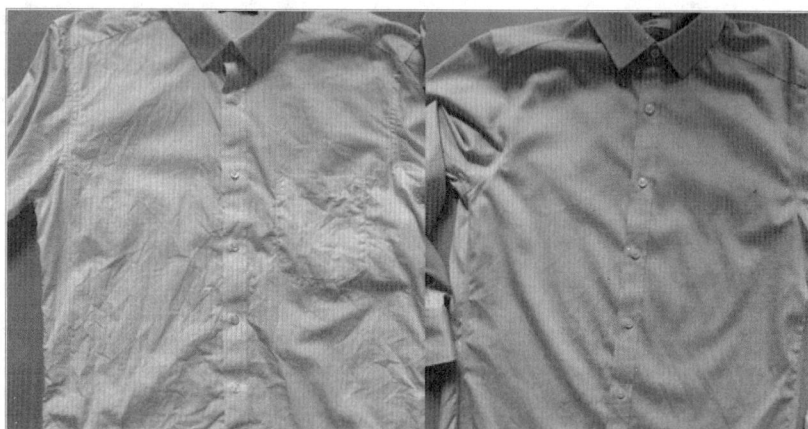

图 4-18　普通和"免烫"衬衣清洗后的褶皱对比效果

3. 循环

循环是指将一些旧的衣服或者人们不喜欢的衣服，再次利用起来。最直接的方式就是将其用作抹布，这是一种最常见的利用方式。不过，现在更流行对不需要的衣服进行改造，使其可以再次被使用。可以直接将现有衣物改造成其他物品，例如把牛仔裤做成牛仔帆布包，也可以在原基础上裁剪添改，比如把牛仔长裤改成短裤。图 4-19 所示为将不需要的牛仔裤分别改成手提包和牛仔短裤。

牛仔裤改成手提包　　　　　　　　　　牛仔裤改成短裤

图 4-19　牛仔裤的两种改造方法

旧衣物还可以被回收用于造纸，质量较好的旧衣物可以由机构或个人收集、处理、分类后，运送到比较落后的地区，让别人继续使用。

如今，有很多服装品牌店都有旧衣回收这一项目，把这些衣服捐送给需要的地区，当顾客利用符合要求的旧衣服参与旧衣回收项目时，还可以获得一定的奖励。例如，兑换某某品牌旗下服饰的积分卡或者代金券（不过大多品牌店暂时仅回收其品牌和旗下品牌的旧衣物）。图 4-20 所示为品牌旧衣回收活动宣传图。

图 4-20　品牌旧衣回收活动宣传图

4.2　参考品牌服装，了解穿搭经典

服装具有漫长的发展历史，风格各式各样，几乎每一个季度的服装流行趋势都会有所不同。在漫长的时间里，不断地涌现出无数的服装作品，也在考验着每一件服装的流行周期，有些服装时尚一直被人追崇着，而有些早就被人遗忘。

有些服饰风格被淘汰、遗忘，有着各种各样的原因，但是仍然有很多服装品牌可以屹立不倒，永远有消费者去买单，它们始终站在服装领域的尖端。大家可以通过欣赏它们的服装风格，从这些品牌所展现的样貌和所诠释的风格，来了解其魅力以及独特之处，顺便了解服装风格的多样性。

本节主要介绍一些有名的服装品牌，帮助读者更深入地了解穿搭技巧。

4.2.1　迪奥：奢侈、性感、怪异

迪奥（Dior）作为一个国际奢侈品品牌，在世界的舞台上备受瞩目，而服装更是迪奥吸引世界目光的产业。下面主要介绍有关迪奥的基本信息以及迪奥服饰的经典款式和设计风格。

1. 基本信息

（1）品牌全名：克丽丝汀·迪奥（法语：Christian Dior，简称迪奥 Dior）。

（2）创始人：克丽丝汀·迪奥。

（3）成立时间：1946 年。

（4）品牌识别特征：蜜蜂、CD、Lucky Charm 藤格纹、玫瑰花、铃兰花。
图 4-21 所示为迪奥服饰上的蜜蜂标志。

图 4-21　迪奥服饰上的蜜蜂标志

2. 经典款式

迪奥（Dior）的时装具有鲜明的风格，不再是裙尾拖在地上的款式，其主要展现和强调女性的身材，突出腰肢纤细、肩形柔美的曲线。同时，黑色也是迪奥（Dior）服饰中比较流行的颜色。图 4-22 所示为迪奥的经典服装款式。

图 4-22　迪奥的经典服装款式

迪奥男装有一种颓废的气质，由于选用的男模特体型比较纤瘦，有着忧郁的感觉，再搭配剪裁十分大胆的迪奥服装，配上一些简单利落的装饰，成功地把英伦低调忧郁的气质与法国的精致与高贵完美地搭配在一起。图 4-23 所示为迪奥男装风格。

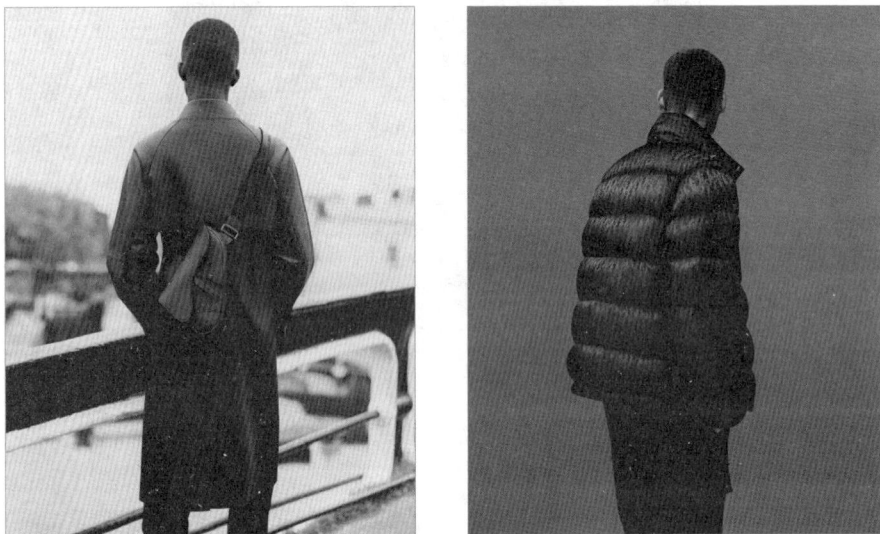

图 4-23　迪奥男装风格

3. 设计风格

迪奥通过对服装装饰艺术性的强调，把女性所拥有的高雅、性感的气质特征尽情地展现出来，品牌设计注重的是服装的造型与线条美感，而非色彩。

4.2.2　香奈儿：法式高雅、精致

香奈儿作为法国的一个奢侈品品牌，无疑是非常成功的，香奈儿的服饰以简洁化的设计风格为主。下面主要介绍香奈儿的基本信息、经典款式和设计风格等内容。

1. 基本信息

（1）品牌全名：香奈儿（法语：Chanel）。

（2）创始人：可可·香奈儿（Coco Chanel）。

（3）成立时间：1910 年。

（4）品牌识别特征：双 C、菱形格纹、山茶花。图 4-24 所示为双 C、山茶花的品牌标志。

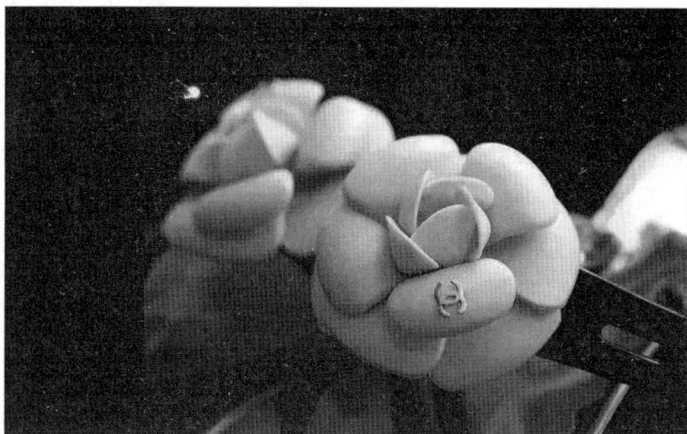

图 4-24　双 C、山茶花的品牌标志

2. 经典款式

香奈儿的经典款式包括高雅与优雅集于一身的裙装，还有优雅及有个性的小黑裙，如图 4-25 所示。

图 4-25　香奈儿品牌服装经典款式

香奈儿套装设计优雅，包括齐膝短裙和干练的短上装。传统上，这款服装是用毛线织成的，加上黑色的裁边和金色的纽扣，还配上了大串的珍珠项链。图4-26所示为香奈儿套装的款式风格。

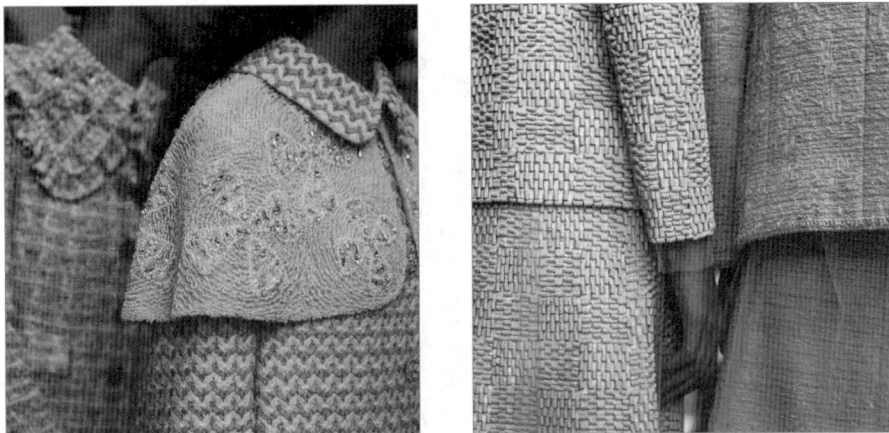

图 4-26　香奈儿套装的款式风格

3. 设计风格

香奈儿的服饰永远有着高雅、简洁、精美的风格，善于突破传统，崇尚自然，强调设计上的优雅、简洁，可以称得上现代女性衣着的领头人。

4.2.3　MiuMiu：时尚、反叛、时髦

MiuMiu 作为奢侈品牌 Prada 旗下的服饰品牌，成立至今备受大众的瞩目，深受时尚界的重视与喜爱。下面主要介绍 MiuMiu 的基本信息、经典款式和设计风格。

1. 基本信息

（1）品牌全名：MiuMiu。

（2）创始人：Miuccia Prada。

（3）成立时间：1993 年。

（4）品牌识别特征：采用天然的物料，在服装上使用偏向于可爱特征的图案，比如使用小鹿等可爱的图案。

2. 经典款式

MiuMiu 品牌服饰具有大胆、创新的风格，极富个人主义，服饰图案给人一种破裂、尖端和对立的感觉。将两种截然不同的事物对立地展现在同一款服饰中，带有几分反叛意味。其中，鹦鹉与人脸、花朵与猫咪的趣味图案让人印象深刻。图 4-27 所示为 MiuMiu 品牌服饰上的趣味图案。

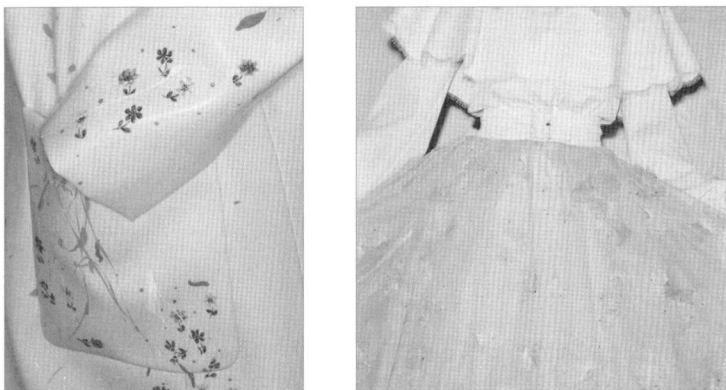

图 4-27　MiuMiu 品牌服饰上的趣味图案

MiuMiu 品牌在服饰中投入了较少使用的西装和皮质元素，向外界证明了 MiuMiu 服饰的多变和惊艳。图 4-28 所示为 MiuMiu 品牌服饰高雅与叛逆的风格。

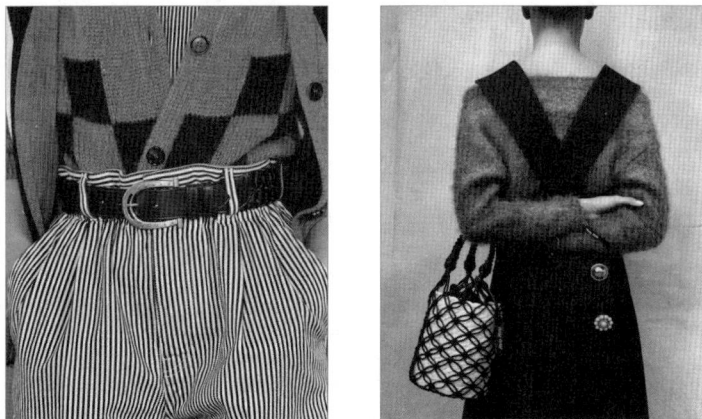

图 4-28　MiuMiu 品牌服饰高雅与叛逆的风格

3. 设计风格

MiuMiu 品牌的设计风格比较注重服饰的优雅与精致，且不乏趣味性，服饰将女性的气质发挥到了极致，并且 MiuMiu 的风格偏向于青春，颜色多用素色，还会在服饰上添加很多可爱的图案。

4.3　掌握基本流程，建立个人品牌

现今社会，随着人们版权意识不断地加强，各类经营者都开始往商品"品牌化"方向发展。这是社会的一个发展趋势，也是人们把自己的经济效益最大化的体现。品牌可以衍生出很多子品牌，同时品牌也需要不断地提高自己的品牌力，让自己的品牌更加具有知名度和顾客亲切感。

经营者建立自己的品牌是一个核心的关键点，这不仅起到区分作用，更是增加自己无形资产的方法。现在，服装品牌层出不穷，行业竞争也越发激烈，经营者如果想在服装行业持续发展，想让自己的品牌脱颖而出，建立一个自己的服装品牌就显得非常重要。那么如何建立一个好品牌呢？需要通过如下 3 个方面的基础工作来实现：

第一，进行充分的市场调研；

第二，明确品牌与顾客群的定位；

第三，建立组织架构，保障公司的长远发展。

下面主要根据这 3 个方面来进行具体的相关说明。

4.3.1　充分调研市场，确保市场需求

企业所生产与经营的产品，是否适合市场这个大环境，还需要进行充分的市场调研。由于商品的流动大部分取决于市场这个机制，所以我们创立品牌的第一步就是进行充分的市场调研。

确定品牌的定位和后续的发展方向，都必须依靠市场的秩序和需求，没有根据市场需求而创建的产品，很容易出现市面上同类产品已经爆满或者供过于求的

现状，这样会使风险非常大，很容易导致创业失败。

另外，由于不同城市、地区的经济发展不一样，我们可以首先根据产品面对的顾客人群来选择合适的调研地点。具体的市场调研可从3个方面展开，如图4-29所示。

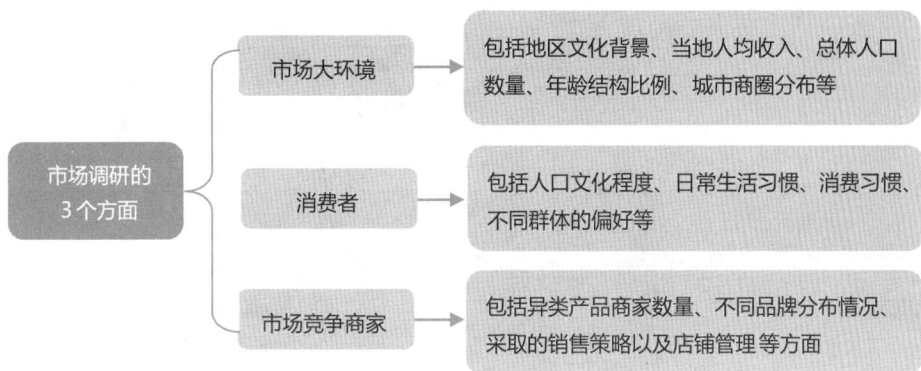

图 4-29　市场调研的 3 个方面

通过上述3个方面的调查，得出数据、进行统计，可以大体了解该地区的基本情况，了解社会上服装市场的总体现状。再根据这些数据、分析自身的实际情况，以此有效地找到一个合适的切入点。

4.3.2　明确品牌定位，精准顾客需求

顾客对服饰需求的多样性，也在不断地影响着服饰的发展方向，这导致人们对服装的要求越来越细致、垂直，出现的服饰品牌也就越来越多。

因此，经营者想要让自己的品牌能够脱颖而出，非常关键的一步就是品牌的定位，那么如何对品牌进行定位呢？可以从3个方面来进行排查、筛选、分析，以此判断出自己的品牌定位，如图4-30所示。

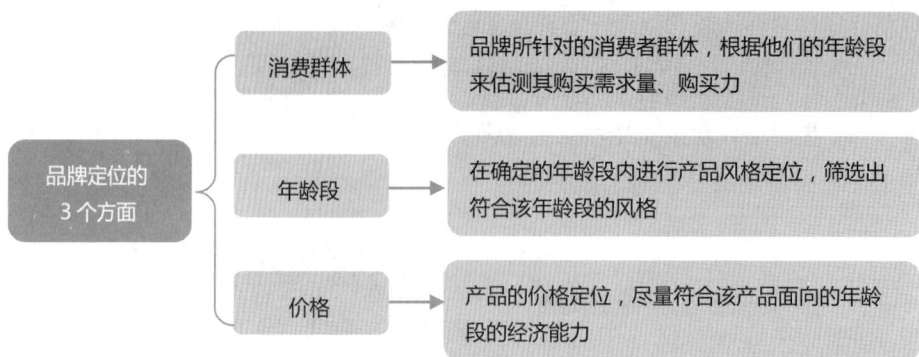

图 4-30　品牌定位的 3 个方面

4.3.3　建立组织架构，保障公司发展

明确了品牌的定位后，还需要稳定的后备支援，所以应该考虑企业的运营与发展，为此需要建立一套完善、合理、规范的企业组织架构。按照现今的大方向职能，可以将公司划分为 4 个职能系统，如图 4-31 所示。

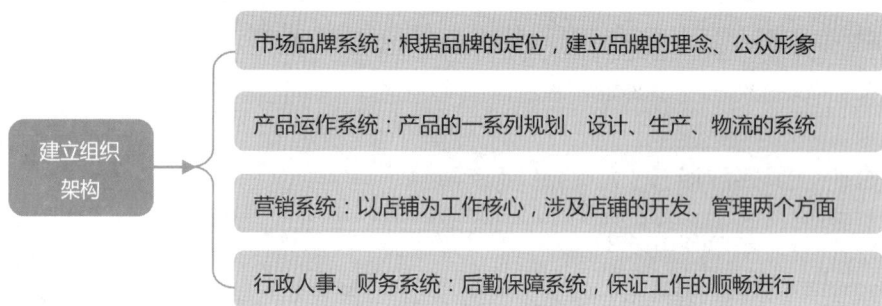

图 4-31　建立组织架构

服装是一个复杂的产品，服装企业也是一个复杂的大系统，要想有一个长期良性的发展，建立组织架构显得非常重要，这是保障公司长远发展的重点。

4.4 学习职业衍生，利于直播转型

长期的服装直播工作，可能会让你对这份职业产生倦怠感，如果你觉得自己不能只将服装直播作为自己的终生职业，那么你可以重新规划这份职业的中心点。本节主要介绍两种与服装直播相关联的职业类型。

4.4.1 时尚采购师，做时尚领头人

时尚采购师，俗称服装买手，该职位以前一直在奢侈品牌和服饰品牌中出现，他们为品牌和店家服务，根据不同的季节、流行趋势来采购货品，也包括对货品进行调查，了解货品的质量和销售途径等。

现在，我国的服装买手大多数在一些海外代购店和网上海外旗舰店工作。图 4-32 所示为时尚买手在对服装进行现场采购。

图 4-32　时尚买手在对服装进行现场采购

1. 日常任务

时尚买手的日常任务主要包括以下 4 点：

（1）在世界各地奔走往返，作为一个供应商和销售商中间的桥梁，把双方

信息的差异减少到最低。

（2）了解不同渠道和平台的信息。

（3）收集、归纳、掌握各种渠道的信息和订单。

（4）保持和供应商、销售商两者之间的联系，以此来满足双方对不同订单的需求。

2. 工作内容

时尚买手的工作内容主要包括以下3个方面：

（1）时刻了解时尚的流行、时尚的规则、时尚的消费和市场。时装的流行性变换极为迅速，必须保证自己的产品不会过时，甚至可以预测未来的流行趋势。

（2）根据店面产品的销售额度、主销服装类型，适时地调整店面货品的陈列状态，根据销售额度记录门店的订单量、库存量等信息，以冷静、理性的思维去分析市场服装的各项数据，得出结论，同时根据结论能够预测下一季的销售额和订货量。

（3）了解服装的基本知识，如面料、材质、设计特点、制作流程、保养等；寻找合适的采买渠道，保证服饰能正常供货；具备组织与沟通能力，和各部门进行有效的沟通，提高工作效率。

3. 具备的技能

时尚买手应该具备的技能包括以下4个方面：

（1）获得相关职业资格或者拥有相关工作经验。

（2）拥有良好的人际关系和交际能力。

（3）具有决策、分析和计算的能力。

（4）对工作充满热情。

4.4.2 社交穿搭博主，引领穿搭潮流

如今，海外的时尚买手大部分是服装搭配博主，他们通过在社交平台上分享自己的穿衣经验，甚至凭借多年来对服装挑选、采购的经验，在网上收获了很多粉丝。

现在随着全球网络化，网络时装博主不仅可以在国内的一些社交平台发展，也可以适时地开拓海外的市场，让自己在国内、国外双向发展。当然，这也一定是未来社交网络服装搭配博主的发展趋势。

（1）国内的社交平台：小红书、微博、B 站。

（2）国外的社交平台：YOUTUBE、SNS、Twitter。

1. 日常任务

网络服装搭配博主的主要任务包括以下两个方面：

（1）在社交媒体上更新自己的关于服装搭配的照片，以便随时和用户群体保持联系。图4-33所示为穿搭博主在INS上更新自己的穿搭，以及发布日常生活照片。

（2）定期观看类似的视频与图片信息，让平台检测到自己对服装搭配非常感兴趣，便可以更加快速地提高个人账号的权重（如果你没有时间运营社交媒体账号，那么可以请专业人士来帮助自己运营）。

图 4-33 在社交账号上发布服饰穿搭、日常照片

2. 工作内容

网络服装搭配博主的工作内容包括以下 4 个方面：

（1）完善账号主页内容。

（2）保持更新频率、持续产出内容。

（3）突出自己的"人设"，在平台上分享自己的生活。

（4）跟随时尚的潮流、规则，对时尚消费和市场有一定的了解。

3. 具备的技能

网络服装搭配博主应该具备的技能包括以下 3 个方面：

（1）热爱服饰搭配，对审美有明确的认识。

（2）关心热点潮流，善于收集信息，记录自己的服装搭配技巧。

（3）能够自己独立完成照片的拍摄与后期修图。

第 5 章

达人主播：打造更值得
信赖的主播形象

在直播的舞台上，主播可以说是绝对的主角，通过镜头向用户、粉丝展示他们的形象和魅力。在镜头前经过无数的训练和积累，才成长为一名合格的主播。本章主要，介绍关于主播孵化过程中的一些资讯，从而帮助读者更好地了解主播这个角色。

5.1 形象定位：完善主播形象，分析带货能力

主播在从事服装直播销售工作时，怎样提高自己的专业形象？怎样让自己在进行服装直播销售的时候更加符合主播形象，以及所销售的商品形象？主播又该如何了解自己的带货能力是否达到了水平线？对于这些疑问，下文将进行简单讲解，从而给读者提供思路来解答这些问题。

5.1.1 如何判断自身的主播形象是否达标

主播的类型有很多，各种风格都有，当一个人选择成为一名服装销售主播时，首先要确定好自己的主播形象和风格，这对于直播之路来说，是关键的一步。它相当于"第一印象"。因此建议直播主播，应该尽早地判断出自己的主播风格。

新人主播可以从一些基础的筛选标准上，来了解自身的主播形象，或者根据这些方向，主动让自己更加贴近所需要的形象。下面将从 4 个方向来分析，帮助主播找到自己的主播形象，如图 5-1 所示。

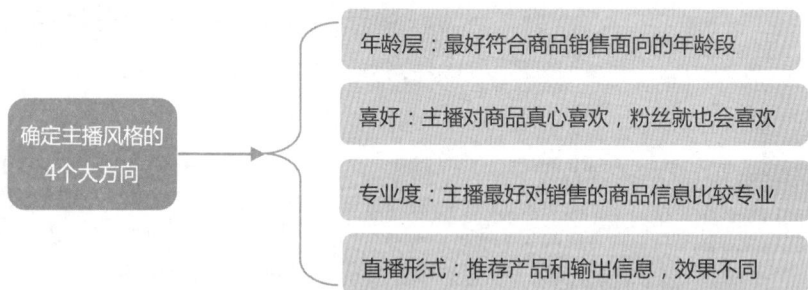

确定主播风格的 4个大方向	
	年龄层：最好符合商品销售面向的年龄段
	喜好：主播对商品真心喜欢，粉丝就也会喜欢
	专业度：主播最好对销售的商品信息比较专业
	直播形式：推荐产品和输出信息，效果不同

图 5-1　确定主播风格的 4 个方向

1. 年龄层

主播的年龄、形象要和商品销售面向的消费者年龄段相符合，只有这样，在销售商品时，才会起到非常好的宣传效果。例如，年轻的女主播可以在直播间推荐一些时尚化妆品、时尚首饰，妈妈级别的主播推荐婴幼儿用品则会非常合适，喜欢养生的中年主播则可以推荐一些茶具用品。

这样可以吸引同年龄层的粉丝的目光，让他们产生兴趣，有亲近之感，使他们愿意在直播间停留，从而达到获得流量的目的，有机会提高商品转化率。

这也有利于主播对自己直播间的粉丝进行分类，可以让主播精准地根据粉丝群体来推荐商品。图 5-2 所示为服装主播所推荐的商品风格和她的年龄层相贴近。

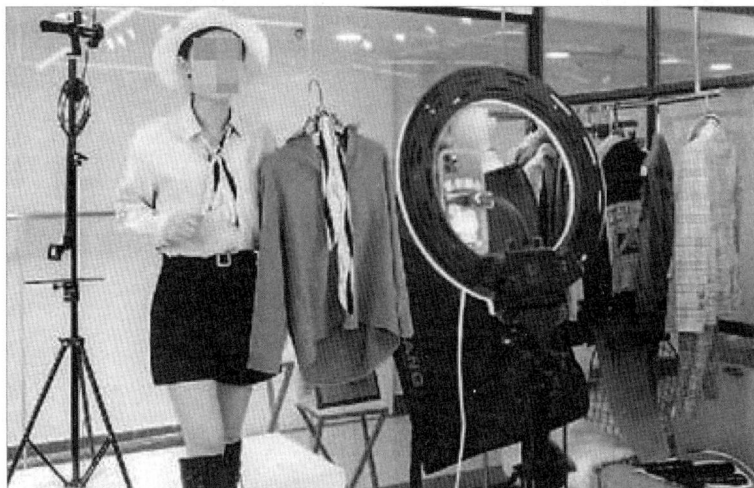

图 5-2　主播推荐轻熟风服装

2. 喜好

喜好这个标准非常容易理解，就是主播自己对直播的服装是怀着真心喜欢的心情。主播对商品的喜欢，会自然而然地表现在主播的面部表情和肢体行为上面，而屏幕前的粉丝在观看直播的过程中，会对此全部吸收和察觉到。

如果连主播都不喜欢自己推荐的商品，那么很难让粉丝去相信购买这件服装会给自己带来开心、喜悦的感受，这样对货品的转化率来说是不利的。图 5-3 所示为主播积极的直播状态和氛围，给用户的观看效果也是非常愉悦的。

图 5-3　主播积极的直播状态和气围带来的感觉效果

3. 专业度

主播自身的专业度也会影响货品的转化率。对服装直播销售来说，主播掌握一些基础的服装知识，同时积极地学习商品的信息，这样在直播间面对粉丝提出的问题时，才不至于尴尬，才能游刃有余地回应。

对于商家提供的商品，主播更加需要去了解商品的功能卖点和价格卖点，功能卖点就是这件商品的优势和特点，而价格卖点则涵盖了商品的营销策略和价格优势等。

了解和分析出商品的两大卖点，可以帮助主播在直播销售时更加吸引和打动顾客的心，这样可以极大地提高商品的转化率。图 5-4 所示为某服装的功能卖点。

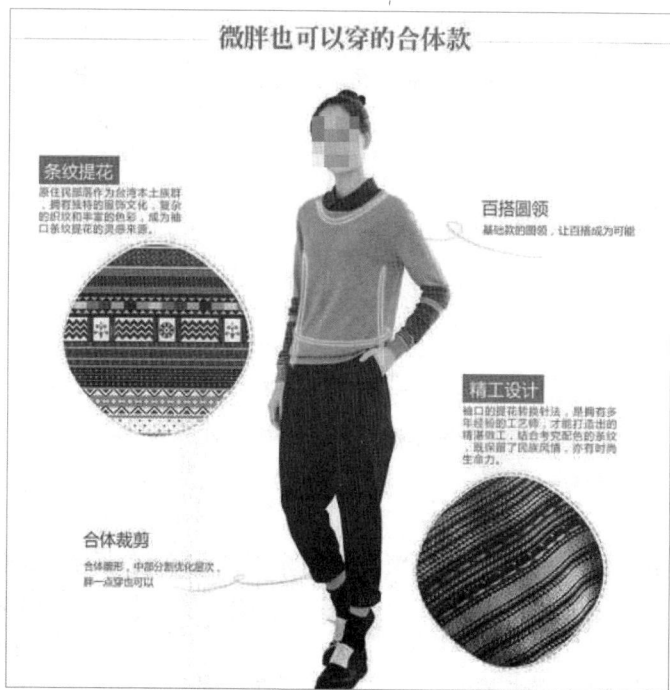

图 5-4　某服装的功能卖点

4. 直播形式

直播的形式有两种，如图 5-5 所示。

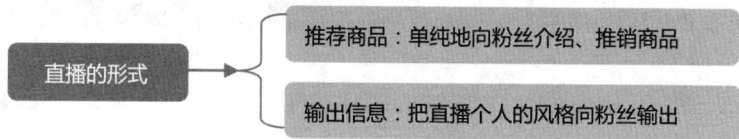

图 5-5　直播的形式

这两种方式取决于主播在直播时是希望单纯推荐商品，还是选择输出信息。选择直接推荐商品，可以提高商品的曝光率，这对商品的转化是有帮助的。

如果在直播方式上，选择输出信息，那么商品转化率就比较低，效果会差一些，因为这属于前期输出主播个人和直播间风格，建立自己的直播特征的过程。

输出信息的过程是缓慢的，但是可以提高主播的曝光度，而且一旦后期反应不错，就可以拥有不容小觑的直播竞争力，基于这两点，主播最好根据自己想要的直播效果，来选择直播形式。

5.1.2　如何判断出专业主播的带货能力

当读者正式进入服装直播销售行业，成为一名直播主播时，一个非常关键性的问题就出来了，那就是自己的带货能力如何。

带货能力直接关系到商品的销售额度，以及主播在平台的发展强弱、商业价值高低等方面。这也是所有商家和机构都关心和重视的一个方向。图 5-6 所示为顶级主播的带货能力数据。

160万内容创业者掘金淘宝

	达人名称	预计收入	年龄	内容类型	总粉丝数
1	薇娅viya	3000万	32	淘宝直播	233万
2	Heika-Z	2000万	25	淘宝直播	101万
3	李佳琦 Austin	1500万	25	淘宝直播	52万

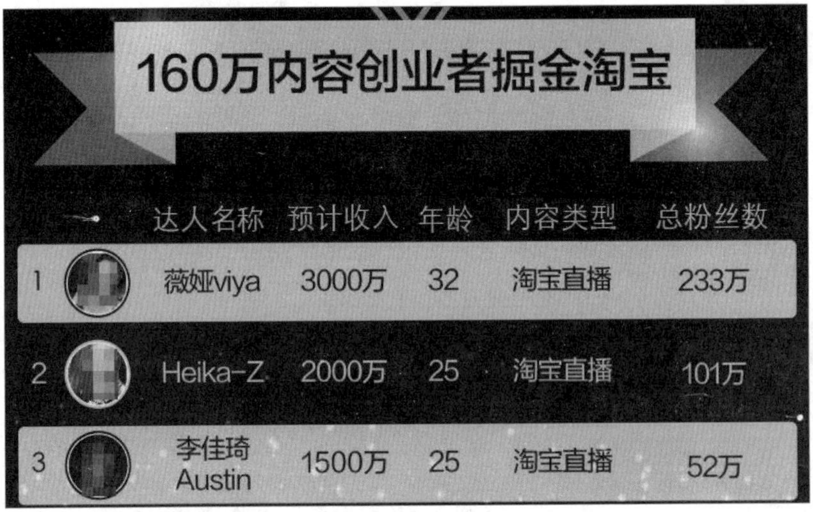

图 5-6　顶级主播的带货能力数据

对商家来说，选择主播负责自家商品的推广、销售活动，主播的带货能力显得格外重要，这直接关系到和主播合作的费用问题，以及商品最终的销售情况。对平台来说，拥有带货能力强的主播是非常有益的，平台也会格外地重视主播的带货能力。图 5-7 所示为直播平台对带货能力强的主播进行的排行分析。

图 5-7　主播带货能力排行榜

基于这种情况，新人主播如何判断出自己的带货能力呢？可以从以下两个方面来分析。第一，在自己的主播间里，点开商品的页面，就可以直接看到页面显示出商品的销售情况；第二，可以根据直播间各项数据，合理进行分析。

通过商品销售分析情况来看主播的带货能力是一个简单的方式，部分商家会通过这种模式来看待主播的带货情况，而商品的销售情况一般取决于两种因素，如图 5-8 所示。

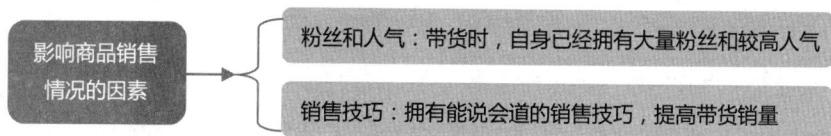

图 5-8　影响商品销售情况的因素

判断一名主播的带货技巧，尤其在主播分析自身的带货能力时，不能单单注意商品的一种销量情况。以销量情况来定论自己的带货能力是不全面的，因为主播的带货能力和很多其他因素有关，如图 5-9 所示。

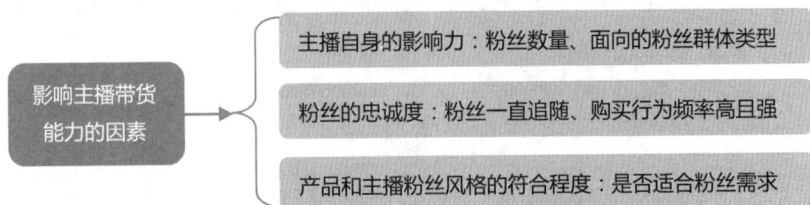

图 5-9　影响主播带货能力的因素

主播在分析自己的带货能力时，可以针对上述因素，根据自身的实际情况来判断自己的带货能力，在看到其他同阶段、同类型主播带货能力超强时，不用觉得沮丧。

在向其他主播学习、观摩时，可以通过以下两个方面正确地判断对方的带货能力。通过对真实的数据，准确进行分析，才可以使自己在同等级的主播里，不会觉得太挫败。图 5-10 所示为判断主播真实带货能力的两个关键点。

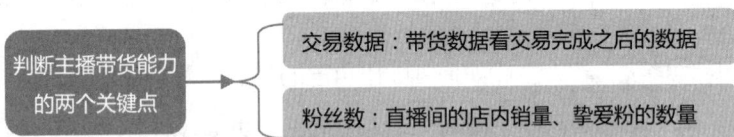

图 5-10　判断主播带货能力的两个关键点

5.1.3　了解商家是通过什么途径找到主播的

在主播从事服装直播销售的过程中，在中后期阶段，就会有一些商家根据主播直播间的各方面数据、主播风格等，来选择一些合适的主播负责自家商品的推广、销售工作，这也是主播和商家之间一种双向获益的合作。

商家付出一定的费用，借助主播的力量，从而达到提高商品的销量、加大商品曝光率的效果，商品受众面也会得到扩大。主播则有机会接触不同的商品类型，及时了解最新的商品款式，除此之外还可以获得一定的经济效益。图 5-11 所示为商家和主播以"明星 + 主播"的形式进行的商业合作。

图 5-11　商家和主播进行商业合作

商家在联系主播时，一般以两种途径作为联系渠道，如图 5-12 所示。

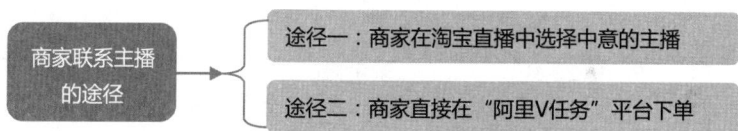

图 5-12　商家联系主播的途径

1. 商家在淘宝直播中选择中意的主播

商家可以在主播的个人页面上，点击头像，和主播进行私信联系。一般情况下商家会直接在对话框中说明自己的意向并留下联系方式。主播可以在方便时回复信息，如果感觉比较合适，就可以沟通合作的费用问题。

另外，现在大部分主播会在宝贝列表中设置一项名为"商家合作联系主播"的栏目，商家可以通过点击该栏目，查看主播的联系方式。所以主播如果想让商家联系到自己，就可以通过设置这个栏目，让有意向的商家可以快速地联系到自己。

2. 商家直接在"阿里 V 任务"平台下单

"阿里 V 任务"平台，是阿里巴巴集团推出的内容服务平台，解决关于商家和淘宝内容创作者的商业问题。在进入"阿里 V 任务"平台后，商家在下单过程中选择"直播"这一栏，就可以通过"阿里 V 任务"平台和主播进行联系。图 5-13所示为"阿里 V 任务"平台主页。

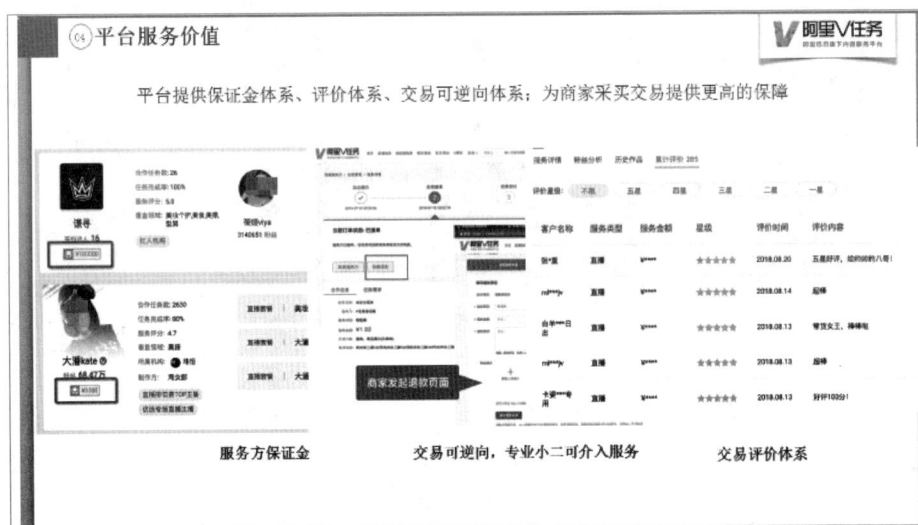

图 5-13　　"阿里 V 任务"平台主页

最后，主播需要注意的一点是，不管通过哪种方式和商家进行联系，确定合作后都需要通过"阿里 V 任务"来下单，这样对双方来说都是一个安全的保障。如果选择私下接单，被平台查实后，主播的权限就会被封掉。

3. 商家和直播销售主播的合作方式

商家和主播之间的合作方式，大多采取底薪 + 提成的形式，主播可以和商家制定好开播的时间、时长，以确定底薪，以及约定好每一件商品卖出去后的提成金额。把这些约定在"阿里 V 任务"平台上写清楚。

至于价格方面，平台不参与负责，商家和主播自行约定就可以。图 5-14 所示为"阿里 V 任务"平台合作协议页面。

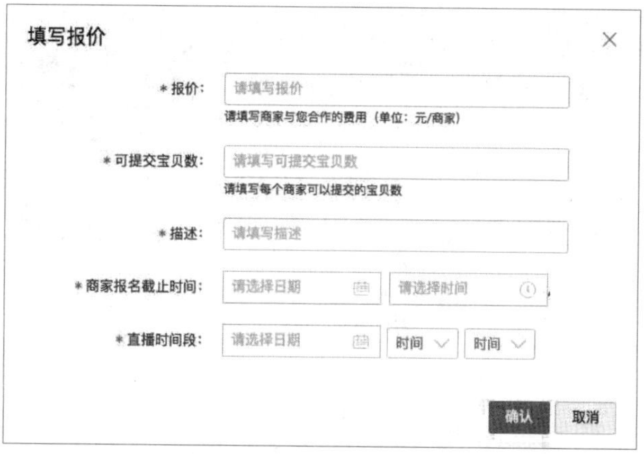

图 5-14　"阿里 V 任务"平台合作协议页面

5.2　主播打造：新主播如何快速从 0 到 1

在正式成为服装直播销售主播后，如何快速地从一个新人主播成长起来，是很多新人主播所关心的问题。现在，有太多的主播怀着新奇、试一试的心理，加入了直播行业。

这些新人主播，在看到那些 TOP 级别的主播一次次完成超高的成交额，总会跟着激动，之后要么觉得遥不可及，要么幻想自己也可以马上成为 TOP 主播。这两种心理都是正常的。

成为 TOP 级别的主播并不简单，对新人主播来说，这是一个复杂、有着太多不稳定因素的方向，而当下应该重视的，是了解直播的基本流程，帮助自己走出漂亮的第一步。图 5-15 所示为直播前的现场准备情况。

图 5-15　直播前的现场准备情况

5.2.1　掌握直播流程，加快主播打造进程

在直播中，主播所要做的事情，不仅仅是单纯地在屏幕前进行直播就可以了，这只是展现在屏幕前的工作，真实的情况是，从进入主播行业，第一次开播之前就需要一步一步扎实地打好基础。

为了更好地帮助读者了解直播的流程和步骤，下面将从直播的几个阶段来介绍新人主播在直播各个阶段的工作内容，如图 5-16 所示。

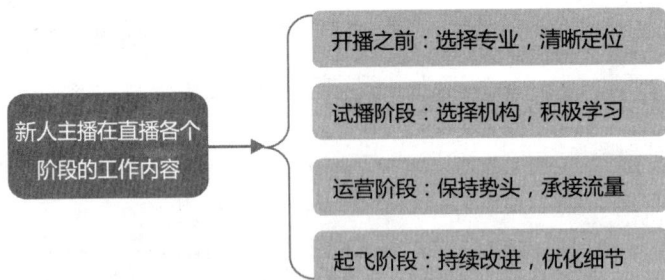

图 5-16　新人主播在直播各个阶段的工作内容

1. 开播之前：选择专业，清晰定位

（1）选择专业：主播自身所擅长的领域、专业和兴趣

现在的主播在从事直播时，大多是根据自己较擅长的专业或者喜欢的方面来进行直播的，这样可以帮助主播更加从容地直播。

例如，直播中大方向的板块，如美妆、美食、娱乐等方向，其主播大多拥有化妆技巧，或者喜欢吃东西，懂得享受美食。图 5-17 所示为美妆博主展示化妆技巧和美食博主食用食物的场景。

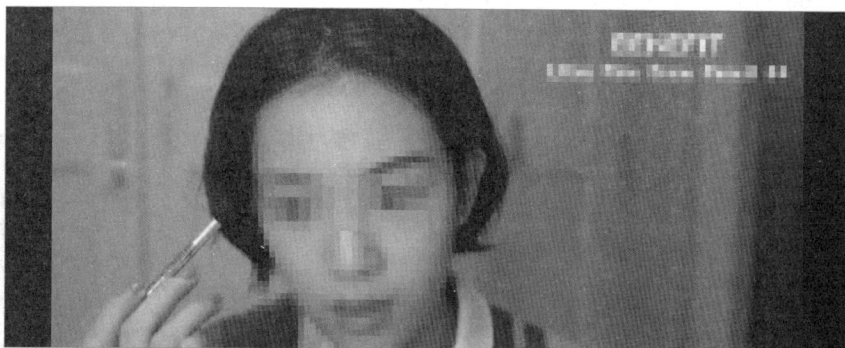

美妆博主展现化妆技巧

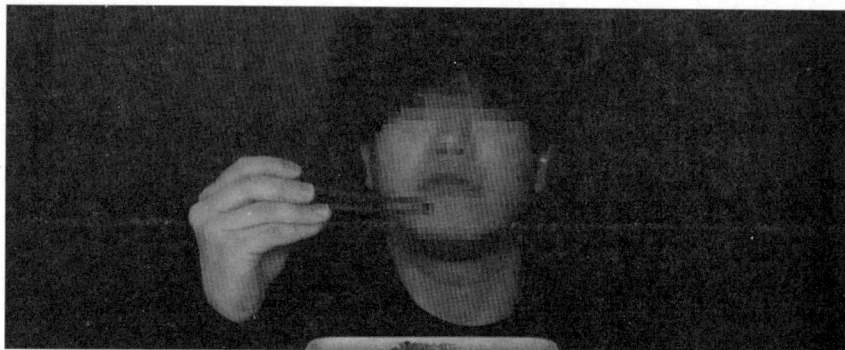

美食博主食用食物

图 5-17　不同主播直播自己擅长的内容

对服装直播销售来说，最终还是需要粉丝愿意买单，但是让粉丝愿意花钱买单，需要一定的销售技巧。

基本的销售技巧就是，主播对商品的了解程度可以让粉丝觉得专业，从而让粉丝有信任感，当然最重要的是商品的品质可以吸引粉丝愿意再次购买，这样才是留住粉丝的最好方法。

（2）清晰定位：明确自己在直播间的"人设"

主播在一定程度上和偶像一样，也会拥有自己的"人设"，不管是可爱的萌系主播，还是帅气的御姐型主播，都有一个具有识别度的"人设"类型，"人设"可以让主播在茫茫人海中脱颖而出，变得更加有识别度。图 5-18 所示为两种不同类型的主播"人设"。

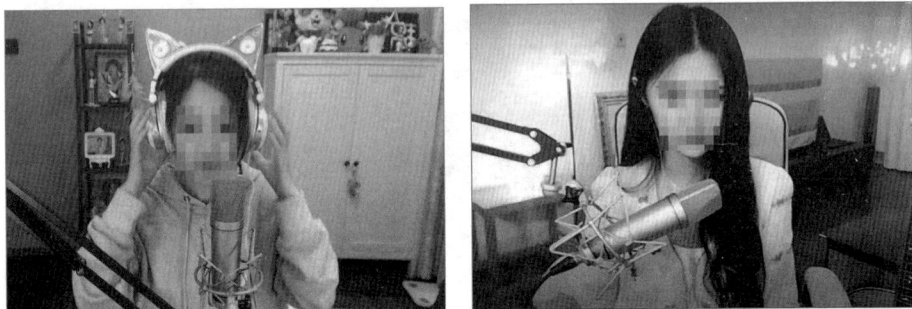

图 5-18　两种不同类型的主播"人设"

在直播行业中，主播的人数和类型太多，想让观众记住你，不能单凭外表。毕竟这个世界上好看的人太多。"好看的皮囊千篇一律，有趣的灵魂万里挑一"只有主播有自己的特点才能让观众印象深刻。

作为一名主播，重要的是让粉丝一看到类似"萌系""御姐"等关键词的时候，第一个想到的就是自己。比如观众想在直播板块了解"口红"相关内容时，一般第一个想起的主播就是有着"口红王子"之称的李佳琦。图 5-19 所示为李佳琦在直播中擦拭口红，进行口红试色直播。

图 5-19　"口红王子"李佳琦

一般来说，关于专业和定位这两点，直播机构和运营平台是很难帮助到主播的，因为没有人比自己更了解自己，这就需要主播认清楚自己的专业和"人设"定位，让自己在直播成长道路上有一个良好的开端。

2. 试播阶段：选择机构，积极学习

在这个阶段，对加入直播机构的主播来说，首先就需要认真挑选直播机构。在试播段的主播，要学会主动学习，加强直播相关知识，对不足之处要及时改善，培养自己的专业技能。

（1）选择机构：选择合适的直播孵化机构

在直播机构看来，最重要的就是投入的成本可以快速得到回报，但是作为一名新主播是很难在短时间内就可以获得流量，从而给机构带来效益的。

这是一种前期需要投入却没有回报的过程，在这种情况下，机构为了减少资金成本，只好尽可能地压缩新主播前期的投入成本。

新主播在前期恰恰非常需要运营和关注，在得不到应有的关注和重视的情况下，主播在遇到问题和疑问时，也只能选择自己一步一步摸索，进而改正，这样太耗费精力和时间，会影响主播的孵化成功进度。

这不利于主播成功的孵化，对主播来说，也在一定程度上浪费了宝贵的时间，耽误了直播进程，为了避免出现这种情况，机构和主播可以从以下两个方向来做出改变，节约彼此的孵化时间，从而提高孵化成功的概率，如图 5-20 所示。

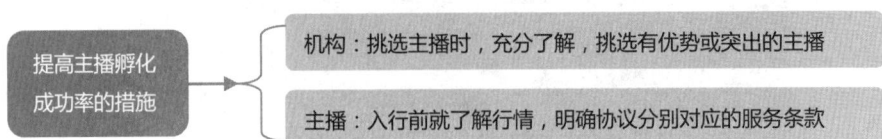

图 5-20　提高主播孵化成功率的措施

另外，部分机构会给新主播一个试播机会，时间为一周左右，机构会给主播提供测试账号，或者去某店铺进行直播测试。

（2）积极学习：主动寻找学习途径

在正式步入直播行业后，主播应该主动去了解、学习直播知识，在初期尽可能地汲取专业知识，就像从事其他工作一样，在公司也会经过一段实习期，只有在实习期表现不错的员工才可以转正或者提前转正。

正式成为一名主播也是如此，主播不是一个可以随便对待的自由工作，不管是想吸粉，扩大自身的影响力，还是想直播销售，获得金钱收入，都需要认真地去学习直播知识，从而提高实战能力。

在试播阶段，主播可以尝试两种方式去学习和积累自身的直播经验，如图 5-21 所示。

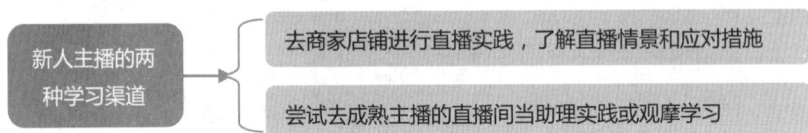

图 5-21　新人主播的两种学习渠道

3. 运营阶段：保持势头，承接流量

新人主播在刚开始的第一周，是很难获得高流量的，基于这个原因，机构不能从流量多少这一点上，来判断主播的直播水平。

但是，机构会重点考察粉丝在直播间的停留时间长短和"路转粉"的比例，因为如果这两个数据都不错，那么下一周主播的数据基本上就会产生上升趋势。

为了在开始就把这两个数据做好，机构和个人需要在直播脚本上下一定的功夫，这份脚本需要规划主播每天的任务流程，以及具体的内容安排。图 5-22 所示为某直播脚本涉及的内容。

档口整场直播提纲（以服装档口为例）			
直播主题	春季新品上新		
直播流程	直播内容	沟通交流建议	画面
1. 开场1min	开播介绍	进入直播状态，签到环节，和进来的用户打招呼	近景直播，切主播画面
2. 1~5min	商品预告	边互动边安利本场直播1~2款爆款，互动建议选择签到打卡抽奖，不断强调每天定点开播，等"大部队"来	近景主播介绍，中景全身比例展示主推款
3. 10~20min	商品介绍	将今天所有的款全部走马观花过一遍，不做过多停留潜在爆款可重点推荐。整个剧透持续10分钟，不同款配套全身比例展示。整个过程不看评论，不跟粉丝走，按自己的节奏逐一剧透	中景全身比例展示
4. 开播主体	商品卖点讲解试穿搭配演绎互动玩法	开播半小时左右正式进入产品逐个推荐。有重点地根据用户需求，促销优惠点介绍，参考直播前预设的产品结构顺序。每个产品的五分钟直播。主推款试穿，介绍搭配方法。同时优惠券、抽奖、引导下单	切主播全身，试穿主推款详细介绍，近景特写展示服装细节
5. 最后1小时	返场演绎	做呼声较高产品的返场演绎	
6. 最后10min	下播预告引导	剧透明天服饰款品，见缝插针回复今日商品的问题。强调关注主播，明天几点准时开播，明日福利	

图 5-22　某直播脚本涉及的内容

在直播的前几天，可以不考虑安排商品，只专注于树立主播的"人设"，以及强化这个"人设"。在接下来的几天里，再开始让主播介绍、推荐一些商品，这个商品数量要和直播间的直播时长、带货强度保持一致，并且呈现同时上涨的趋势。图 5-23 所示为主播在直播间推荐商品。

图 5-23　主播在直播间推荐商品

如果第一周的数据不错，那么第二周不出意外数据会上升。第一周在平台上的表现相当于为下一周获得流量做铺垫，第一周属于获得流量的过程，那么第二周就相当于可以承接上一周的流量分配。

这时，主播需要做的就是维持之前的主播风格，不要去尝试改变，寻求所谓的突破，整个直播风格要保持稳定的状态。

只要好好地吸收、消化主播给予的流量，可以完美地承受这些流量的注入，主播和直播间在平台上的印象分数就会提高，之后在流量分配上自然也会多一些，这对后期主播的成长是非常有帮助的。

4. 起飞阶段：持续改进，优化细节

在起飞阶段，学会如何持续改善不足之处，优化直播细节是非常关键的。

（1）持续改进：根据直播数据进行改进

在这个阶段，直播间的数据会出现明显的变化，变化的结果有两种，变好或者变坏，如果直播间数据没有提高反而下降，就是变坏，那么主播和机构就需要重新制定主播的孵化计划，同时要有一定的心理准备，保持好心态，做好打长期战的准备。

如果数据一直呈现逐步上升趋势，那么就表示，主播孵化成功，可以进行下一步的计划。

（2）优化细节：进一步提升直播间档次

如果孵化成功，那么主播和机构要做的就是优化直播间的细节。例如，在直播间根据当天场次的直播内容来添加一些信息，用来突出直播间的风格，也可以起到吸引潜在粉丝的作用。

除此之外，还可以在直播间的背景、灯光、饰品、摆设等细节上，进行一定程度的优化，对直播间起到一种锦上添花的效果，如图 5-24 所示，直播间的背景、灯光等细节布置，可以提高直播间的视觉效果，影响整个直播间的档次和等级。

图 5-24　直播间的背景布置

5.2.2　成功方法多样，适当拓展专业方向

不管从事什么工作，全能型的人才总是更有发展机会和发展空间，对主播来说也是一样，如果可以成为一个全能型的主播，在直播行业中肯定有更大的成长空间，但是成为全能型主播对主播和机构来说不容易，因为这种全方面培养，规模太高，投入的各项成本自然较多。

在直播的前期，主播主要是进行积累、沉淀，建议最好一步一步慢慢来，打好根基，专注具体的方向会比较合适。至于一些在直播行业中已经直播很久，却始终没有很大进展的主播，可以考虑拓展其他的渠道。

切记，不管什么行业，想要拓展专业方向，都需要往专业的水平和垂直两个方向去付出努力，才能有所成就和发展。

5.2.3　改变策略，劣势也可以变为优势

从事服装直播销售，并不代表需要主播拥有完美的身材、体型和外貌，才可

以进行工作。现实中，大部分人的身材是中等类型的，这是一个广阔的需求市场，自然需要各种身材或体型的主播来进行服装的展示和销售。

在直播中，有很多非常完美的"人设"主播，她们不仅漂亮，身材还特别好，可以吸引众多粉丝的拥护，但这不代表其他没有那么漂亮、身材没有那么好的主播就没有粉丝追随。

相反，那些不完美的真实美更加打动人，也会增加粉丝的信任感，这些主播可能在现实生活中会遭遇他人的打击，但是在直播平台上，同样能进行销售工作，大家都在同一个起点上。

这类主播，只要拥有好的心态和信服力，甚至可以在直播道路上领先。图5-25所示为身材不那么完美的女生主播，也可以通过直播勇敢、自信地进行服装销售。

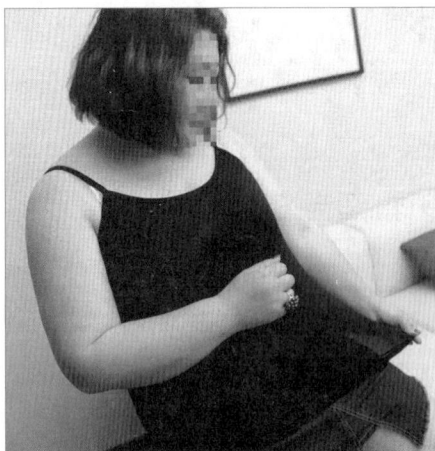

图 5-25　主播展示服装

5.2.4　积极参加官方活动，深挖自身优势

对主播来说，自己拥有一定的优势和特长是非常值得重视的，这相当于拥有一件吸粉的利器，只要把这个利器善加展示和利用，就可以吸引很多粉丝来了解你、关注你。

现在直播行业面临的一个问题就是，流量不够分，顶级等级的主播不愁流量，而中小主播没有流量。这时，中小主播可以积极参与各种直播平台的官方活动。

对于官方发布的活动，主播要积极参与、认真准备。直播平台自然会对参加官方活动的主播主动提供流量扶持，从而达到提高官方活动参与度的目的。图 5-26 所示为主播参与官方发布的活动。

图 5-26　主播参与官方发布的活动

此外，把自己拥有的优势、长处、专业都充分地深挖，最大化地展现出来，也是一个获取流量、提高自己知名度的好途径，想要脱颖而出、与众不同，最好的方式就是充实自己。

把自己"擅长"的，发展为"专业"的，而这份"专业"，可以变成强有力的"竞争力"，从而吸引更多的粉丝。图 5-27 所示为主播李子柒利用自身的特长优势，在视频网站上发布与饮食有关的视频，形成了自己独有的品牌竞争力。

图 5-27　李子柒的直播频道

5.3　不断充实自己：能力、性格全方位塑造

每一位新人主播都希望自己可以早日成为一名大主播，但是成为大主播的过程并不容易，它需要主播付出一定的时间和努力，不断地学习、提升自己的主播知识，以及不断地提升、改善自己的直播风格，与时俱进、跟上最新的服装潮流，了解现在观众喜欢的风格。本节主要介绍培养主播专业能力与塑造主播专业形象的相关知识。

5.3.1　培养主播专业能力，赢得粉丝信赖

在直播间，主播应该学会用自己的专业能力赢得粉丝信赖。大部分人很难向其他的人得到服装的搭配建议，因此作为服装销售主播的专业性就很重要。

主播可以根据不同的粉丝的身材和体形，来为他们提供穿搭技巧。例如，向粉丝推荐服装时要根据粉丝描述的体形有针对性地推荐。图 5-28 所示为女性 5 种体形。

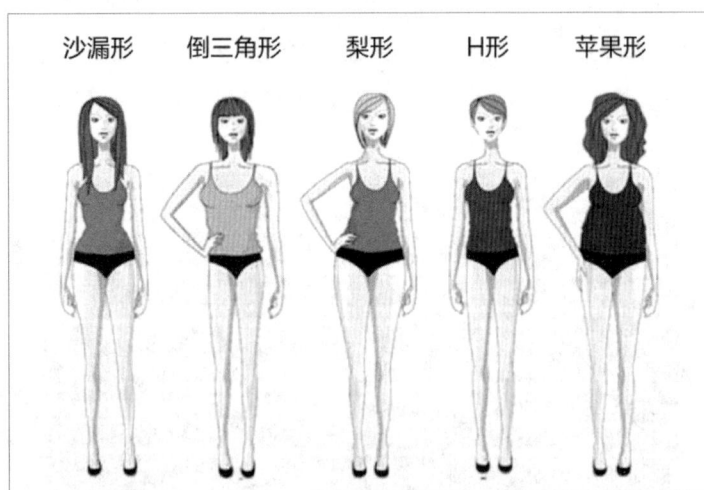

图 5-28　女性 5 种体形

主播在推荐和介绍服装款式时，甚至可以尝试在直播中讲授一些知识点，比如如何根据自己的体形进行服饰搭配，怎样利用服装来修饰自己的不足之处，利用这些服装的品牌知识可以为主播增加好感度和专业度。

5.3.2　树立主播专业形象，获得粉丝认可

作为主播，想要长久地走下去，成为一名专业的服装直播销售主播，还应该学会以下 3 点，来树立主播的专业形象，如图 5-29 所示。

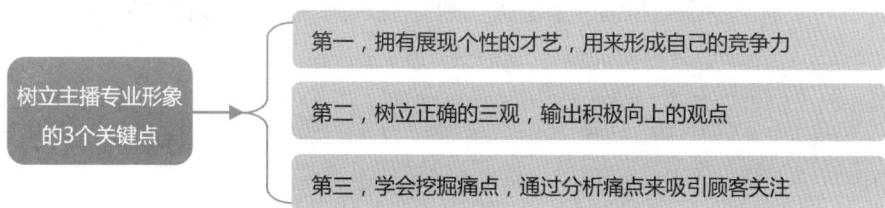

图 5-29　树立主播专业形象的 3 个关键点

1. 拥有展现个性的才艺

主播最好拥有一项才艺或者爱好，只要是积极向上的，可以展现出自己性格、风格的就可以，慢慢地一步一步来，使其成为自己有利的竞争力。

2. 树立正确的三观

直播主播的角色在某种程度上可以说是意见领袖，如果想要获得用户的追随和认可，那么就需要主播树立正确、清晰的三观，尤其在现在这样一个信息日新月异的时代，发表言论时需要非常谨慎。

3. 学会挖掘痛点

想要成为大主播，学会挖掘痛点，是必须要学会的一点。拥有可以展现个性的才艺、正确的三观，只能成为一名合格的主播，而想要成为一名有认知度、有发言权、有影响力的主播，学会挖掘粉丝的痛点，才是关键之处。图 5-30 所示为用户痛点定位图。

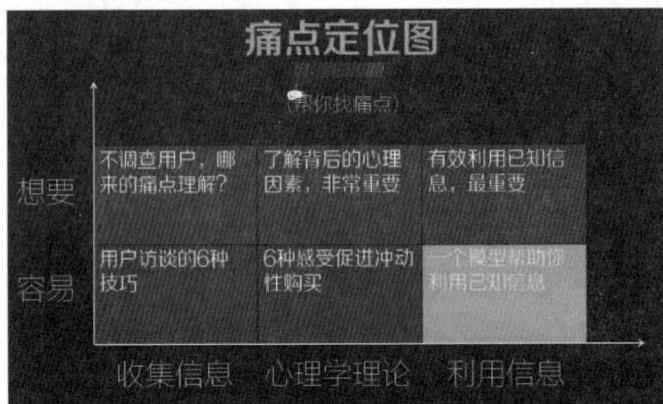

图 5-30　用户痛点定位图

第 6 章

"人设"魅力：让主播
更有记忆点与话题性

在直播这个行业，每天都有无数的主播加入、诞生，打开直播网站，可以看到各种风格的主播。但是，如果你想在有着众多主播的直播平台成为有识别度、有知名度的主播，并不简单。本章通过讲解"人物设定"这个概念，让主播学会利用"人设"来增加个人魅力，从而具有形象记忆点和话题性，让自己的直播之路更加顺利。

6.1　用"人设"抓住粉丝的心，迈向成功第一步

　　"人设"，完整说法为人物设定。从字面上可以知晓其含义，就是对人物形象的设定。"人设"一词最开始是出现在动漫、漫画、影视中的专业词汇，主要为了给特定的对象设定其人物性格、外在形象、造型特征等内容。图 6-1 所示为动漫角色的"人设"。

图 6-1　动漫角色的"人设"

　　在现今社会，"人设"这个词汇开始不断地出现在公众视线内，成为人际交往中一直被提及的一个概念。在日常生活中，"人设"的传播效果在一定程度上开始影响现实中的人际交往关系。图 6-2 所示为现实生活中的部分人物设定类型。

图 6-2　现实生活中的部分人物设定类型

　　"人设"经营以及对"人设"崩塌的应对，开始成为人们在人际交往中必须要思考的问题。现在，"人设"的用途有了更广的范围，它不只是单纯在用在动漫、漫画上面，而是渐渐地开始在现实生活中随处可见。

　　"人设"的作用和功能也开始显现。在娱乐圈里，"人设"已经是一种最常见的包装、营销手段，艺人所属公司通常会为艺人贴上某一种或多种"人设"标签。例如，林志玲是"高情商""温柔"的代表人物，"音乐天才"是艺人刘宪华的人物设定，如图 6-3 所示。

　　这些本就和艺人实际情况相符合的"人设"，给予了他们鲜明的识别度和认知度，不断地加深他们的形象风格，扩大他们的影响力。当然，演艺圈里更多的是根据观众的需要，主动去贴合观众和粉丝的喜好，从而创造出的某种"人设"。

　　这是因为艺人可以通过创造"人设"来丰富自己的形象，利用"人设"，让观众对其产生深刻的印象，加深观众记忆，从而保证自己的流量时刻在前端位置，也就是大众口中的"流量小生""流量小花"，如图 6-4 所示。

图 6-3　明星的"人设"标签

图 6-4　"流量小生""流量小花"新闻报道

　　直播主播在某种影响力上和明星艺人类似，都是粉丝簇拥的公众人物，在某种程度上，他们需要依靠粉丝的关注和追随，以便更好地展现自己的形象，拓宽自己的影响力。

这也表明，想要在直播行业中做得更好，主播就需要树立自己的"人设"，因为只有通过精准的人物设定形象，才可能让观众发现、了解你，你才有机会在众多直播主播中脱颖而出，吸引更多的粉丝来关注。

没有树立起鲜明人物形象的主播与那些有自己的"人设"标签的主播相比，就会显得缺乏记忆。这就是为什么在直播间里，能创造出高销售额的主播不止一个，但是观众能说出名字的，基本就是薇娅、李佳琦这两位。图 6-5 所示为淘宝第一女主播薇娅。

图 6-5　淘宝主播薇娅

读者可以初步认识到，"人设"的力量是无穷的，"人设"的影响力也是无形的。所以，读者需要明白，成为服装直播销售主播后，首先要树立自己的"人设"，这在后续的吸粉、引流中起着重要作用。读者更需要学会运用"人设"，来抓住粉丝的目光和兴趣点，从而更好地在服装直播的道路上迈向成功。

6.2　了解"人设"知识，用"人设"定制个人标签

在日常生活和人际交往中，"人设"已经渗入到每一个人的行为举止中，只是对普通人来说，这些人物设定类型比较接地气，更具大众性，但是它的实质和目的，都是在突出自己的特点，形成自己的特色。

人们可以通过把自己的个人意愿鲜明地展现在公众面前，来获得关注或者标签。例如，想体现出自己好学的一面，就要有意无意地向周围人透露自己最近在看书，或者看了什么书的消息，或者把自己在看书的照片贴在社交网站上，从而获得关注，得到"好学"的标签。

人际传播是一种真正的高质量传播活动，这是因为它的传播方式多样、渠道广泛、方法灵活多变，是真正的多媒体传播，可以使营造的信息迅速地传播出去。

通过这种方式来给人留下好的印象，就可以说此人是在树立自己的"人设"，在树立"好学"的人物设定中，通过日常生活中表现的各种行为，不断地加强这种"人设"的印记，以此便会让其他人认为此人非常好学，可以无形中增加自己的魅力。人们遇到在书店看书的人，总是很容易产生欣赏之情和好感，如图 6-6 所示。

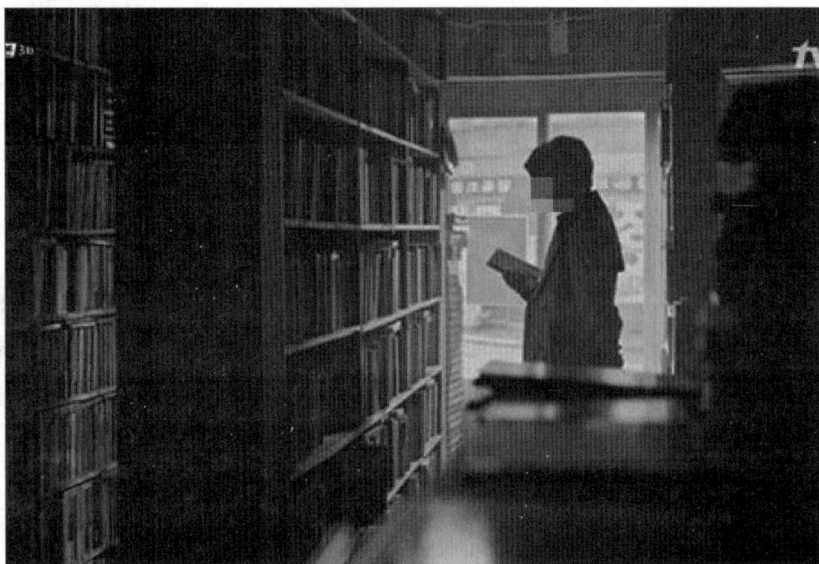

图 6-6　在书店看书的场景

同时，"人设"的设定，对于提高、加深自身形象的好感度、认知度起着非常重要的作用。对角色进行一定的人物设定，可以使得角色形象更加鲜明突出、有特色，如图 6-7 所示。

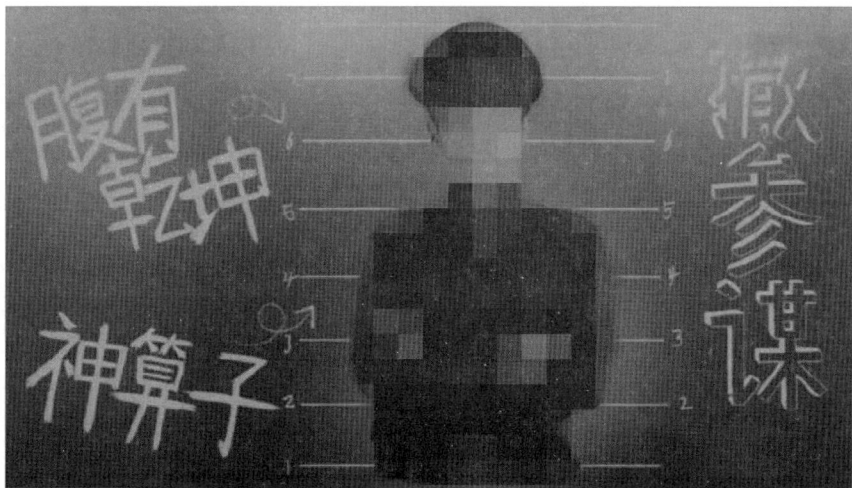

图 6-7　人物设定提高角色认知度

美国社会学家 E. 戈夫曼曾经说过："在若干人相聚的场合，人的身体并不仅仅是物理意义上的工具，而是能够作为传播媒体发挥作用。"

如果某人喜欢说话，并且热衷于谈话艺术，只要他适当地展现出来，不断进行自我宣传与传播，那么他的形象就会被人冠以"能言善道"等类似的"人设"标签，他完全可以通过这种方式，塑造出自己想要的"人设"标签。图 6-8 所示为蔡康永塑造的"会言、高情商"的"人设"标签形象。

图 6-8　蔡康永塑造的"人设"标签形象

相反，如果某人既不重视自己的谈话技巧，也不重视自己的外在形象，那么在与人交流、沟通的时候，他在别人面前的表现也会让他得到标签，只不过标签是负面的。当然，这也算是完成了自身"人设"的塑造，只是塑造出的这种"人设"标签不见得被大多数人喜欢。

由此可知，在当今社会"人设"就是个人的标签，而主播完全可以通过发现、创造自己的"人设"形象来拥有自己的特色。在很多时候，人物可以塑造"人设"，而"人设"可以成就人物。

6.2.1 "人设"作用：提高用户形象认知度

通过依靠设定好的人物性格、特征，也就是"卖'人设'"，可以迅速地吸粉，吸引更多的潜在用户来关注你。毕竟粉丝就是，购买力，通过塑造出迎合大众喜好的"人设"，通过对自己的"人设"形象的运营，就能带来一定的收益。

就像在娱乐圈里，明星艺人没有"人设"，是很难在圈子里发展。所有人都在积极地塑造自己的"人设"，当人们提到某一位明星的时候，总会在脑海中出现部分对应的"人设"标签，而这些标签，并不是随随便便就贴上的。

甚至越来越多的品牌也开始不断地树立、巩固、加强自身的"人设"形象，这样不仅使品牌的知名度大幅度提升，勾起无数粉丝的购买欲望，还会使粉丝主动、自发地对品牌进行二次传播、推广。

例如，小米的"高性价比""人设"，江小白的"文艺青年江小白"标签，都为品牌聚集了一大批粉丝，从而产生购物消费。图6-9所示为小米和江小白两个品牌的"人设"展示。

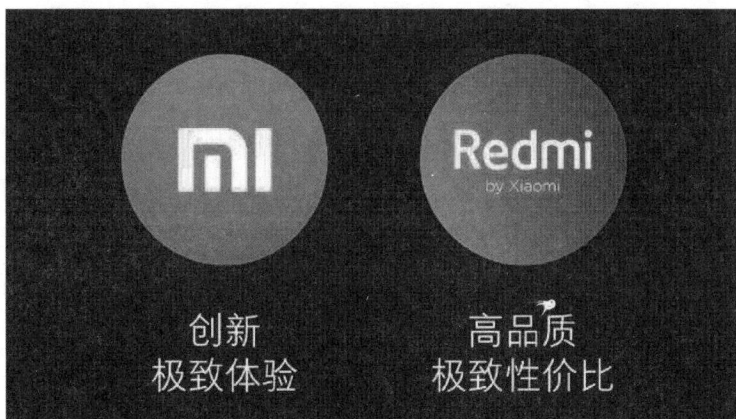

小米"高性价比"标签

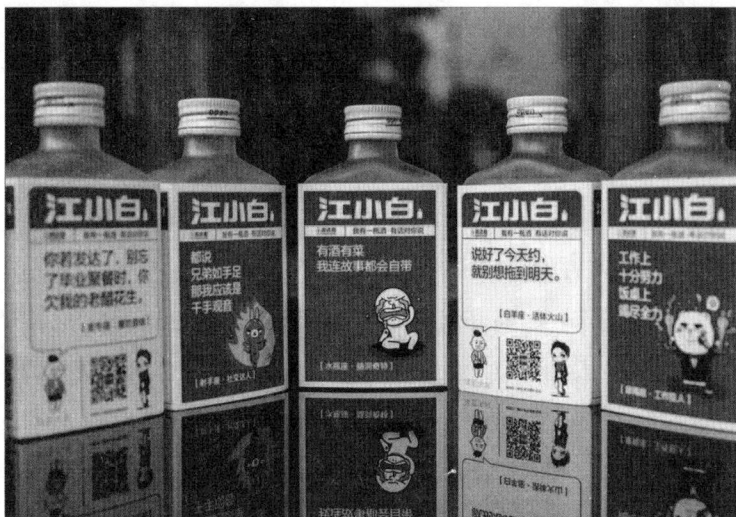

江小白"文艺青年""人设"

图 6-9　品牌的人设展示

这些"人设"标签的最终目的，就是希望观众可以对其产生更具体的印象，让观众对产品更加有记忆点，以此获得更多的关注度。

总而言之，不管是人物的"人设"，还是品牌的"人设"，其原因和目的都是一样的，对主播来说也是如此，拥有鲜明的"人设"，就可以最大化地展示个人形象。

6.2.2 "人设"经营：增加"人设"自身信任度

对主播来说，不仅要确定好自己的"人设"，更要学会如何经营这份"人设"，这样才可以保证自身树立的"人设"，能够得到广泛的传播效果，达到自己想要的目的。

"人设"的经营是一件需要用心去做的事情，只有用心经营才能使自己的"人设"成功树立起来。图 6-10 所示为"人设"运营的 4 个要点。

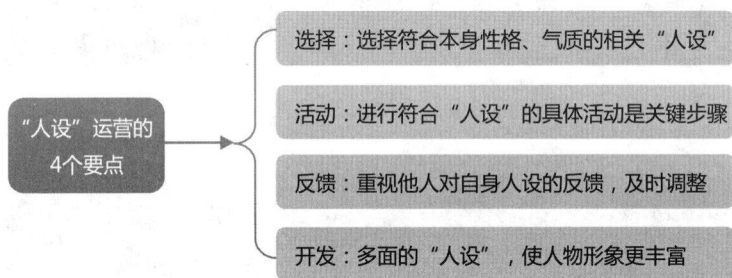

图 6-10 "人设"运营的 4 个要点

1. 选择符合本身性格、气质的相关"人设"

对于"人设"的选择，最好根据自己的实际情况来挑选，这样才能起到较好的传播效果，如果"人设"和自身的真实性格差别较大，就很容易导致传播效果偏离传播者的传播意图，误导接收信息的人。

此外，树立的"人设"和自己的性格相差太大，也容易出现"人设"崩塌的可能性。本身形象温婉的人，树立"温柔""知性"的人物设定，才会有说服力，如图 6-11 所示。

图 6-11　"人设"和自身风格相符合

2. 进行符合"人设"的具体行动是关键步骤

实际行动永远比口头上说的效果好得多，向外界树立起自己的"人设"后，用符合自身"人设"的实际行动来践行，这样才会产生信任度，这也是"人设"运营中的基础和关键之处。

3. 重视他人对自身"人设"的反馈，及时调整

"人设"的传播效果如何最直接的体现在于，他人对某"人设"的反馈情况，所以主播可以通过身边的工作人员和朋友，来了解他们对自身"人设"的反应。这样主播可以及时地对自身"人设"进行合理的改进和调整，尤其是可以与时俱进地更新"人设"形象，使其更加符合大众想看到的模样。

4. 开发多面的"人设"，使人物形象更丰富

单一的"人设"虽然安全，在运营上比较轻松，但是可能会使得人物形象过于单调，毕竟人的性格是多样化的。开发、树立多面的人物设定，可以提高人物形象的饱满度，使自己的形象更加有血有肉，增加自身形象的真实感。

此外，不同的"人设"，可以吸引不同属性的粉丝和观众，也可以满足观众、粉丝的好奇心、探究欲，让他们更加想了解你。

这种多面人物设定，有利于增加自身形象的深度，维持粉丝对自己形象的新鲜感。例如，人物角色的两种反差设定，可以使人物形象更加丰富、立体，从而使自己的形象更加出色。图6-12所示为主播的两种"人设"风格，分别为轻熟风和淑女风，不仅适应不同服装风格，也让自己形象更丰富。

图6-12　两种"人设"风格

需要注意的是，主播在树立多种"人设"形象时，这些"人设"的风格、类型最好不要相差太大，否则"人设"和"人设"之间就会显得自相矛盾、不真实。

6.2.3　"人设"影响：用好"第一印象"

"第一印象"，对这个词汇人们并不陌生，人们常会说起的话就是：当时对谁的"第一印象"怎么样，后来发现怎么样。

一些成语就涉及"第一印象"，如"一见如故""一见钟情"等，它们都是在"第一印象"的作用下产生的一系列心理反应和行为。

在"人设"运营中，"第一印象"自然有着重要的作用，这是非常重要的一点。

下面将介绍关于"第一印象"的知识，帮助读者在打造自己的主播形象或在日常生活中的人际交往中，都可以利用"第一印象"，从而树立良好的个人形象。

"第一印象"是光圈效应的铺垫，同时也是运营"人设"过程中的一个重要环节，它的重要性可见一斑。而"第一印象"是能够人为经营和设计的。

这表示，主播可以通过人为定制自己的形象、风格等来改变自己给他人带来的"第一印象"，从而塑造成功的"人设"形象。图 6-13 所示为通过人为设定主播的形象，来使角色拥有所需要展现的形象、气质风格。

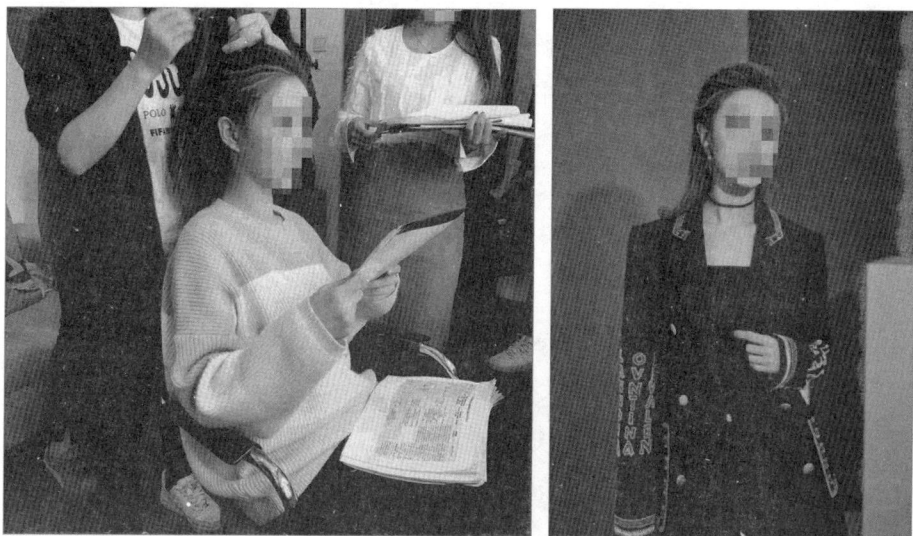

图 6-13　人为定制人物形象

"第一印象"的形成，对于之后在人际交流中获得的信息有一定程度的导向作用。这是由于人们总是愿意以"第一印象"作为基础，然后在这个基础上，去看待、判断之后接受的一系列信息，这种行为会让人产生、形成固定的印象。

例如，赵雅芝女士在电视剧中扮演的白娘子角色，在现实中让她在很多人心里永远都是温柔、典雅、善良的形象；通过电视剧《还珠格格》一炮而红的演员，至今大部分人对于他们的形象，都保持着当时的感受和记忆。综上可以看出，娱乐圈里艺人的转型困难，原因就在于此。

6.3　打造独特"人设"，定义全新主播形象

对大众来说，对陌生人的初次印象往往不够突出、具体，而且存在一定的差异性。大部分人对陌生人的印象，基本处于一个模糊的状态。

所以，个人所表现出的人物形象、气质，完全可以通过"人设"经营的操作来改变。例如，可以通过改变人物的发型，塑造出和原先不同的视觉效果，使人产生新的人物形象记忆，从而利于"人设"的改变，如图6-14所示。

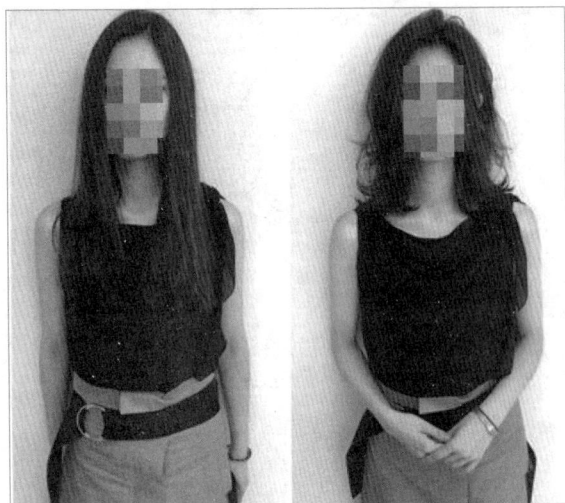

图6-14　通过改变发型来改变个人形象

在人际交往之中，通过利用主观和客观的信息来塑造"人设"，从而达到预期的传播效果，这是"人设"经营的根本目的。"人设"经营，可以说是在他人看法、态度和意见的总结的基础上进行的调整和改进，也是一种在社会上生存的手段。

学会打造独特的人物设定，可以使主播拥有与众不同的形象，在人群中脱颖而出。此外，对外传播效果的好坏，会直接决定"人设"经营是否成功。

6.3.1 确定类型：选择合适的"人设"

确定自己的"人设"类型是否合适、恰当，关键需要考虑的方向，就是是否满足了自身所面向的群体的需求，因为"人设"的出现，在一定程度上就是为了满足用户的需求。

"人设"，可以迎合受众的移情心理，从而增强受众群体对其"人设"的认同感，这样才可以让用户愿意去了解、关注主播，所以在设定"人设"形象时，确定好"人设"的类型是关键。

如今，出现了各种各样的"人设"类型，经典的"人设"类型有女王、冷面、萌妹子、天然呆、天然萌等。

选择直播行业中比较流行的"人设"风格，对主播来说，可以快速引起用户的兴趣，刺激他们进行点击。图 6-15 所示为服装直播销售中，"萌妹子""人设"的主播形象。

图 6-15　"萌妹子""人设"的主播形象

需要格外注意的是，主播在塑造自己的"人设"时，"人设"类型最好以自己本身的性格为核心，向四周深化，这样便于之后的"人设"经营，同时也能增加粉丝对"人设"的信任度。确定"人设"类型后，需进一步考虑自己的"人设"是否独特别致。

对想从事服装直播销售的新人主播来说，在已经有一批成熟的服装销售主播的情况下，想尽早突出自己，需要耗费一定的精力和时间。

主播可以考虑在那些还没有人使用的"人设"类型中，找到最适合自己"人设"的标签，继而创造出自己独一无二的"人设"。虽然难以找到，但是一旦找到，对新人主播来说，就完全可以利用这个鲜明独特的"人设"，树立起自己别致的主播形象。

6.3.2　对标红人：找到精准的"人设"

一名优秀的主播一定有其独特的人格魅力，主播的人格魅力，就是通过主播对自己"人设"的设置和定义产生的。

一个精准的"人设"，可以最大化地拓展粉丝受众面，吸引感兴趣的粉丝，只要他们愿意了解，就能成为粉丝或者潜在粉丝，实现自身影响力的最大化的传播。

精准的"人设"，可以让观众、粉丝听到某句关建的话时，第一时间就能将两者联系起来。主播需要找到自己精准的"人设"风格，让自己成为这类"人设"中的红人。同时主播的"人设"一定要有记忆点，没有记忆点的"人设"不能算是成功的"人设"。

6.3.3　设定标签：增加直播搜索度

一个人一旦有影响力就会被所关注的人贴上一些标签，这些标签就可以组合成一个虚拟的"人"。当提到某个标签时，用户就可能想起某人，但并非只是想到一个名字，还包括带给他的印象，比如严谨、活泼、可爱等。

主播试着把这些"人设"标签在主播名称和直播标题中显示出来。一旦有用户在直播框中搜索相关的标签，就有可能搜索到自己，如图6-16所示。

图 6-16　搜索关键词后出现的主播直播间

6.4　寻找特色"人设"标签，助你脱颖而出

对于"人设"来说，它的一个关键作用就是区分作用，所以当主播在选择自己"人设"的时候，必须要和其他主播"人设"区分开来，免得流失粉丝。

为了避免出现同年龄、同类型的主播人数太多，无法有效突出自己的"人设"形象问题，主播在选择"人设"形象时，要选择便于用户和粉丝进行搜索、区分的"人设"。

下面介绍几款主播"人设"类型，帮助读者了解不同"人设"的特点、风格，从而更好地找到有特色的"人设"标签。

6.4.1　差异化是"人设"的基本策略

主播"人设"类型多种多样，正是通过细分"人设"这种方式，来减轻主播之间的竞争力度。对主播来说，"人设"就代表自身的形象魅力和特色。

　　主播只要把设定出的形象不断地向用户、粉丝进行展示和强化，就可以给他们留下独特、深刻的印象，所以塑造"人设"的基本策略就是差异化，"人设"类型一定要让粉丝鲜明地区分出来。图 6-17 所示为两种不同"人设"形象的主播风格展示。

图 6-17　两种不同"人设"形象的主播风格展示

6.4.2　人美声甜的"邻家小妹"风

　　符合"邻家小妹"这种"人设"的主播，一般外形可爱，声音好听，给人的感觉是比较活泼，非常受欢迎。如果从事男装直播销售，那么这种"人设"更加能够吸引粉丝关注。

　　这类主播在塑造自己的"人设"时，大致有两种表现方法。一种是，主播会在直播时，通过发型、饰品上的修饰来巩固自己的"人设"类型。主播简单地利用草帽、发带等饰品就可以体现出自身的"人设"风格，如图 6-18 所示。

图 6-18　主播主动贴合"人设"形象

另一种主播展现自身"人设"形象的方式就相对简单一些，由于她们本身的形象就非常贴近邻家风格，所以在直播的时候，简单的马尾、丸子头就可以体现出自身的"人设"形象，其在直播间推荐的服饰风格也都是偏休闲、简约的风格，如图 6-19 所示。

图 6-19　主播自身形象贴合"人设"

6.4.3 形象和外表反差的"男友"形象

"男友"这种"人设"的表现为外表具有女性的美丽，但所表现出来的肢体语言非常简洁、帅气，有"男友"风格，这类主播在直播间的穿着的整体风格就比较干练、中性。

这种具有反差性的"人设"，不仅非常吸引男性用户的关注，而且更加吸引女性用户的追随，因为其可以满足她们希望被人保护的心理。图 6-20 所示为"男友人设"的主播形象。

图 6-20 "男友人设"的主播形象

6.4.4 "大姐姐"的定位让你更专业

现在的直播受众，80% 以上都是女性用户，主播要学会抓住她们的兴趣点和目光，获得她们的信任和追随。这种拥有大量时间观看直播的女性用户，不仅拥有强烈的购买需求，而且具备一定的购买能力。

这类女性用户一般可以分为两大群体，如图 6-21 所示。

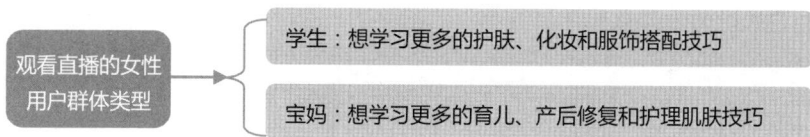

图 6-21　观看直播的女性用户群体类型

这两类人群都对技巧非常渴望，她们希望遇到一位专业人士来带领她们，也就是"大姐姐"，来解决她们的疑惑，满足她们的心理需求，让她们可以放心购买商品。

通过直播这一途径，她们可以看到商品，尤其当商品的价格低于实体店铺出售的价格时，再加上主播"大姐姐""人设"营造的专业形象，就很容易增加用户的对商品信任感。图 6-22 所示为"大姐姐""人设"的主播形象。

图 6-22　"大姐姐"人设的主播形象

6.4.5　让人轻松记住的"明星脸"

"明星脸"这种"人设"非常有识别度，它借助明星的知名度，让自己得到大量的关注度，如果某位主播的模样和某位明星、公众人物相似，那么其在树立自己的"人设"时会直接在明星名字的前面加一个"小"字，以便引起用户的注意力。

对主播来说，如果自己和某位明星或者公众人物的外表相似，新闻媒体就会主动对其进行报导，引发网友的关注。"明星脸"会帮助主播获得一定的曝光率，获得粉丝关注。图 6-23 所示为主播撞脸明星的新闻。

图 6-23　主播撞脸明星的新闻

第 7 章

吸引粉丝：让粉丝沉浸
直播间的三部曲

直播行业的发展，促使了无数的用户来直播平台观看直播，也让无数主播开始从事直播行业，这导致开播的直播间数量越来越多。在目不暇接的直播间里，主播如何让粉丝沉浸在自己的直播间，是非常关键的问题。本章将介绍让粉丝沉浸直播间的相关技巧与注意事项。

7.1　出色的辅助设备，助力直播效果

　　主播在直播的时候，是通过镜头向观众展示自己和自己所处的空间的，既然是通过镜头，就不像现实生活中的面对面，但通过相应的技巧可以起到缓冲与美化镜头的效果。

　　虽然在直播时任何活动和表情都会直接、实时地传送给观众，但是主播可以通过一些辅助的设备，让自己的直播视频得到合理的修饰和美化，使视觉效果更上一层楼。图 7-1 所示为通过灯光、背景设置等来让直播画面更佳。

图 7-1　通过灯光、背景设置等来让直播画面更佳

7.1.1　服装直播间的镜头类型

　　镜头，相当于眼睛，通过镜头来呈现直播视频，就相当于用眼睛在看，眼

睛的状态如何，会影响物体的呈现效果，所以镜头也一样，不同的镜头类型、款式会直接影响直播视频的呈现效果。图 7-2 所示为手机镜头和专业镜头的对比效果。

图 7-2　手机镜头与专业镜头的对比效果

对纯粹分享生活的主播来说，完全可以通过手机自带的摄像头进行直播，但是如果想让直播视频的呈现效果更好，可以采用一台手机＋一个外置镜头这种搭配方式，来弥补手机镜头自身的不足，满足自己对直播时对高质量直播效果呈现的要求。图 7-3 所示为将专业镜头安装在手机镜头上。

图 7-3　将专业镜头安装在手机镜头上

通过安装不同类型的镜头，可以基本满足在直播时想要得到的美化效果，这种搭配方式可以使手机拍摄出来的像素变高，使拍摄画面的效果更好，很多人都会选择购买外置镜头来进行直播。现在市场上的镜头，按照功能可以分为鱼眼镜头、广角镜头、微距镜头、长焦镜头 4 类。

1. 鱼眼镜头

鱼眼镜头是一种视角接近或等于 180° 的手机辅助镜头，可以说是一种极端的广角镜头。由于摄影镜头的前镜片直径短且呈抛物状，镜头前部往外凸出，很像鱼的眼睛，所以称为"鱼眼镜头"。

鱼眼镜头与人们眼中真实世界的景象存在较大的差异，我们在现实生活中看见的景物是固定形态、有规则的，而鱼眼镜头产生的画面效果则会超出这一范畴。鱼眼镜头拍摄的画面，中心的景物是不变的，其他本应水平或垂直的景物都会发生相应的变化，从而产生强烈的视觉效果。图 7-4 所示为鱼眼镜头拍摄的画面效果。

图 7-4　鱼眼镜头拍摄的画面效果

2. 广角镜头

广角镜头的特点是镜头视角大、视野宽阔、景深长，能强调画面的透视效果。广角镜头在某一视点观察的景物范围，比人眼在同一视点看到的景物范围会广很多。这种镜头的拍摄效果在日常生活中很常见，在拍摄合影的时候，可以把所有人都拍摄下来；在日常自拍的时候，可以俯拍小 V 脸、仰拍大长腿，还能体现建筑的宏伟大气等。

3. 微距镜头

从字面上就可以看出，微距镜头可以用来拍摄非常细微的物体，它是一种用作微距摄影的特殊镜头，一般在拍摄自然景物的时候使用得比较多，比如在拍摄鲜花、昆虫等的时候。

4. 长焦镜头

对长焦镜头可以简单理解成，给镜头增加了一个望远镜，从而可以拍摄到距离较远的景物。长焦镜头可以根据用户的实际需求改变镜头的倍数，如 10 倍长焦、20 倍长焦等。

上述 4 种镜头类型，主播在日常直播拍摄时，可以根据自己想要得到的效果进行选择和使用。一般主播在直播间销售产品时，会准备两台手机，一台手机用于拍摄，另一台手机则用来观看直播过程中和粉丝的互动情况。

在大部分电商直播中，主播可以采用摄像头 + 笔记本的方式进行直播，简单易操作画面质量也可以得到满足。图 7-5 所示为主播采用"电脑 + 手机"的方式进行直播的效果。

图 7-5　主播采用"电脑 + 手机"的方式进行直播的效果

7.1.2　服装直播间的灯光效果

在进行直播销售时，为了得到不错的商品呈现效果，灯光的作用不容忽视，它能让商家和主播更好地促进商品销售，并且给店铺带来更多的自然流量。

就像影视行业中常说的"打光"，通过它可以达到修饰、美化画面的效果。灯光的分类有很多，通过对光源、光照角度、亮度、色温等的不同组合，可以呈现出不同的效果和作用。

直播间常用的灯光包括主光、辅助光、轮廓光、顶光和背景光，同时不能忽视这些灯光位置的摆放，它对直播效果的呈现也非常关键。

1. 灯光类型

（1）主光

主光是映射外貌、形态的主要光线，起到主要照明的作用，主光可以使主播的脸部受光均匀。

（2）辅助光

辅助光是辅助主光的灯光，它可以增加人物的立体感，从而突出侧面轮廓。常用的补光灯就是起到提供辅助光的作用，一般主播在室内直播，遇到光线不太好或者想改变光线色调的时候，可以使用补光灯，改善镜头前主播所呈现的气色。图7-6所示为通过使用补光灯让主播的状态更好地呈现。

图7-6　通过使用补光灯让主播的状态更好地呈现

（3）轮廓光

轮廓光也可以说是逆光，是对着镜头方向照射的光线，一般放在主播的身后位置，可以勾勒出主播的身形轮廓，从而达到突出主体的作用，可以增加画面的美感。

（4）顶光

顶光是次于主光的光源，从头顶照射下来的主光线，它可以给背景和地面增加照明，同时对人物也可以起到加强其瘦脸的效果作用。

（5）背景光

背景光也称为环境光，主要对四周的环境和背景起到照明的作用，它可以调整和改善人物周围的环境及背景影调，作为背景照明可以统一直播间的各光照，强度，均匀室内光线。一般背景光的设置以简单为主，用来衬托人物形象。

2. 灯光位置

灯光位置的摆放对直播的呈现效果也非常关键，由于直播间的场地一般不会太大，所以建议采取以下两种方案来进行灯光的位置布局，如图 7-7 所示。

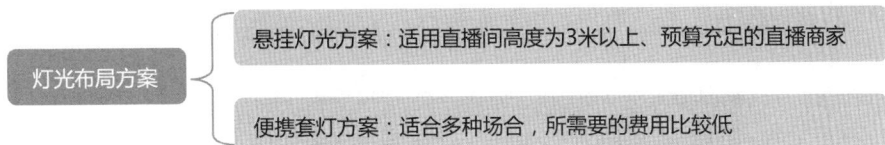

灯光布局方案

悬挂灯光方案：适用直播间高度为3米以上、预算充足的直播商家

便携套灯方案：适合多种场合，所需要的费用比较低

图 7-7　灯光布局方式

（1）悬挂灯光

悬挂系统灯光，可以合理搭配主光、轮廓光、背景光、聚光灯和脸部光线，确保达到人物形象立体、栩栩如生的效果，同时画质更清晰。不仅如此，悬挂灯光还可以最大限度地利用场地，人物改变位置也不受影响，它的轨道和灯具都可以滑动，从而确保在直播中时时刻刻都灯光充足。图 7-8 所示为直播间采取悬挂系统灯光方案的效果。

图 7-8　直播间采取悬挂系统灯光方案的效果

（2）便携套灯

便携套灯相对于悬挂系统灯光来说，更加便于携带，适合多种场合使用，所需费用也比较低，很适合坐播或者站播这种活动范围小的场景。需要外出直播时，也非常方便，因为它可以通过拉杆箱随意进行移动。

便携套灯方案是现在直播主播用得最多的一种方案，通过对灯的摆放位置的调整进行光线、效果的调整，使主播的形象更好。图7-9所示为在直播中便携套灯的使用效果。

图7-9　在直播中便携套灯的使用效果

7.1.3　服装直播间的音效应用

在进行服装直播时，除了要考虑灯光的问题还要考虑直播间声音的呈现效果。在直播中，主播需要不断和粉丝进行沟通、对话，在这个过程中，主播就可以添加一些活泼、搞笑的声音效果。

主播可以直接在网上搜索"直播音效软件"，下载后，在出现的声音选项中，点击需要的声音选项，该音效就会播放出来，之后在直播时，根据场景需要，选择合适的音效进行播放即可。图7-10所示为部分直播间常用的音效类型。

图 7-10　部分直播间常用的音效类型

通过在直播中添加各种音效，可以增加直播间的趣味性，把直播间的气氛带动起来，让粉丝沉浸在直播内。

另外，需要注意的一点就是，主播在直播时，视频容易出现回音、杂音等问题，这都不利于视频的呈现效果，会直接影响用户的观看体验。想要解决直播中的回音、杂音等问题，可以使用如下 2 种方法：

第一，主播在中控台观看自己的直播视频时，要保持静音；

第二，主播用手机观看自己的直播间时，要保持静音。

7.1.4　服装直播间的背景布置

在直播间进行直播时，观众是通过镜头来观看整个直播间的环境、主播以及商品的，这时需要注意直播间里的人和商品在画面中所呈现的视觉效果，以便呈现出更好的直播画面效果。

在进行服装直播销售时，由于主播需要向用户和粉丝展示服装的款式、版型，以及实际的上身效果，加上所推荐的衣服件数比较多，所以在直播间如何陈列服装是一个关键问题，主播可以根据以下 3 点来进行陈列。

1. 对于主打推荐的服装，可以单独展示

主播对于需要主打的服装款式，需要重点展示，这样可以使每一个直播间的粉丝都看清楚，让他们对服装的展示效果有一个清楚的认识。在陈列时，可以利用人型模特对主推商品进行上身效果展示，如图 7-11 所示。

图 7-11　主打商品可单独用人型模特展示

2. 服装款式偏长的，应远离摄像镜头

如果服装款式偏长，在手机屏幕中很难完整呈现，那么最好的办法就是增大服装与直播镜头之间的距离，从而让消费者可以一眼看清衣服的款式。同时，主播最好不要挡在产品前面，以免阻挡消费者的视线，把服装摆放在主播的身后或两侧比较显眼的位置即可，如图 7-12 所示。

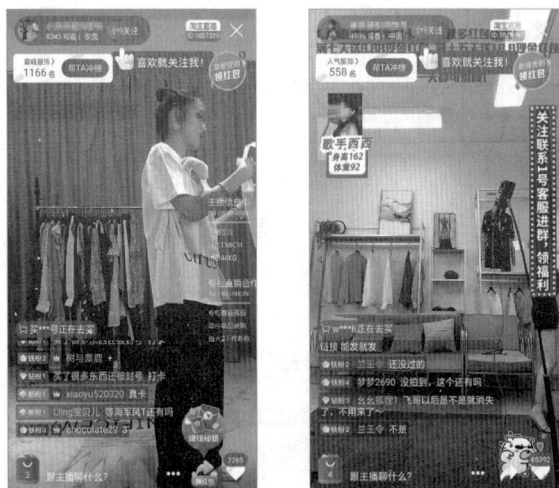

图 7-12　把服装摆放在主播身后位置

3. 确保服装直播视频的背景干净

主播在进行服装直播销售时，有些服饰的颜色、款式容易受到光线和背景的影响，因此对直播背景要求比较高。在展示一款比较精致的服装时，就需要画面干净整洁，这时可以对直播间进行简单的布局，提升整个背景的视觉效果。背景干净的直播间，其服装展现的视觉效果就比较好，如图 7-13 所示。

图 7-13　背景比较干净的直播间

脏乱的直播间或者布局杂乱的直播间，很容易拉低主播在观众心中的档次，而主播的档次直接影响其推销的商品观众心中的价值。所以，尽量保持直播画面干净整洁。

7.2　学会使用直播预告，掌握引流技巧

淘宝直播已经成为淘宝卖家推广商品的一种重要方式，直播购物也已经成为一种新的消费趋势，越来越多的消费者热衷于这种消费方式。

不管是对直播卖家来说，还是对直播主播来说，想要让自己的直播达到比较

好的效果，每一次直播都需要做好准备工作。这些准备工作，有些是很容易被主播忽视的，但其在一定程度上会影响观看直播间的粉丝数量。

比如直播预告，虽然只是对主播下一次的直播内容进行提前预告，但是它却能影响下一次直播间的流量情况，很多主播认为直播预告很简单，但实际上它却有一定的要求。下面以淘宝直播为例，介绍做直播预告需要了解和掌握的知识。

7.2.1 预告时间：避开竞争大的时间段

不管在什么直播平台，都会面临一个情况，即每天开直播的主播人数多，而且同时间段开播的直播间也多。聚集在同一时间段开播，无疑增大了和其他主播抢夺流量的压力。

尤其是一些流量注入较大的时间段，比如 18 点到 19 点，这个时间段是下班时间，很多用户会观看直播视频。为此，很多主播也在这个时间段开播，以此获得更多流量。而在这种扎堆的直播间时间段开播，对中等以下的主播来说，很难抢到稳定的流量。

所以，为了避免这种情况发生，主播可以主动避开高人流聚集的时间段，从而减轻和其他主播竞争的压力。

7.2.2 预告封面：提高封面图的曝光量

直播间封面图是一场直播的重要外部展示因素，相当于门面，所以主播对直播预告封面需要格外上心，按照官方的定制要求进行发布。

1. 预告要求

（1）在中控台发布预告的时候，必须对两种尺寸的封面图都要进行发布，分别为 750×750 和 1120×630，后者尺寸用于做首页封面图。图 7-14 所示为两种直播封面的尺寸效果。

（2）封面图的要求：不要有文字，最好是纯人物的浅色、素色背景，如图 7-15 所示。

图 7-14　两种直播封面的尺寸效果

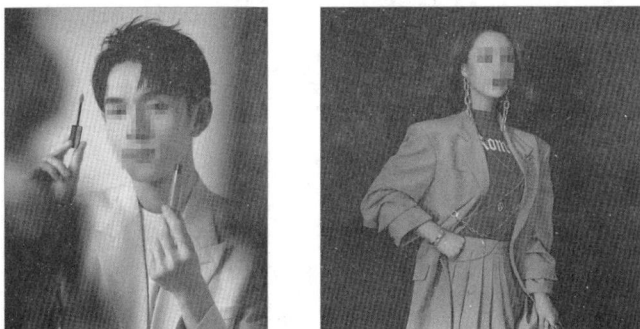

图 7-15　纯人物出镜，纯背景设置

（3）预告视频要求：视频全程不要出现文字，只有纯人物、素色背景的才可以入选首页展现。

2. 入选福利

入选后，正在直播的首位主播，平台将个性化推送该直播间。

3. 预告视频要求

每一期的节目预告（注意是每一期的具体节目预告而不是整个栏目的宣传片），基础参数要求如下。

（1）时间控制：20 秒以内。

（2）容量：2 兆以内。

（3）屏幕尺寸：16 ：9 满屏，不可以在这个尺寸内加边框等。

（4）预告内容：直播那一期的预告视频，不可以出现任何文字。

7.2.3 预告标题：使用吸睛的流行热词

关于直播预告的标题也是大有讲究，想要吸引粉丝的注意力，好的标题最能引起他们的兴趣。

1. 预告标题要求和要点

第一，要清晰描述出主题和直播内容，能让用户提前了解直播内容，同时便于平台工作人员挑选出好的直播内容进行主题包装和推广。

第二，要包含具体的内容亮点，在直播预告中上传直播中要分享的商品，能让用户产生兴趣。还能通过大数据分析，帮直播内容进行用户匹配，获得更精准的用户流量。图 7-16 所示为在预告标题中突出的直播亮点。

图 7-16　在预告标题中突出的直播亮点

2. 预告标题规则与技巧

标题的字数要控制在 12 字以内，以 24 个字符为准，严禁在标题上显示折扣信息，以及任何的特殊符号等。

拟定的标题要符合粉丝工作与生活场景，这样才能让粉丝产生画面感，引起粉丝的共鸣，让粉丝觉得你说的内容与其有关，甚至让粉丝感觉讲的就是他／她，就能激发其关注并且按时观看你直播间的欲望。图 7-17 所示为在预告标题中点出小个子女生和微胖女生两类用户群体，从而吸引这 2 类女生来观看。

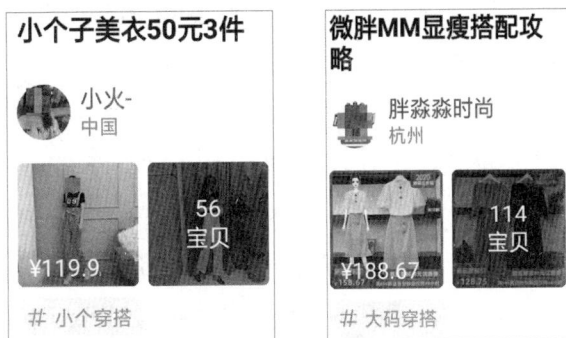

图 7-17　在预告标题中点出小个子女生和微胖女生 2 类用户群体

文字内容要简洁，同时直击要点，要把最吸引人的点展现出来，一般主播把粉丝最关心的"痛点"放在标题中。

设置预告标题时，还需要有承诺性、新闻感、能引发粉丝好奇心的特点，这样才能更好地吸引目标用户对直播内容进行了解，从而主动等待正式播放时的内容。图 7-18 所示为在预告标题中突出活动主题，达到吸引目标群体观看的效果。

图 7-18　在预告标题中突出活动主题

7.2.4 直播标签：获得更多的流量分配

在不同的直播标签下，所关注的人群类型是不一样的，选择合适的直播标签，就可以增大自身直播的推广力度，让更多的人有机会看到自己的直播。通过设置直播标签，可以扩大直播间的被搜索力度。

关于服装的直播标签有以下几类。

（1）【穿搭】：每日上新、当季新款、大码穿搭、小个穿搭、潮风潮牌。

（2）【母婴】：奶娃有招、孕妈专区、童鞋童装。

（3）【买全球】：日本站、韩国站、东南亚站等。

在挑选标签时，首先选择直播的栏目，在栏目中根据自己的实际情况，再选择标签，或者根据自己直播所面向的群体类型，选择直播标签，这样有利于吸引目标群体来关注点击。图 7-19 所示为淘宝直播频道栏目下的各类标签。

图 7-19　淘宝直播频道栏目下的各类标签

7.2.5 直播地点: 自定义吸睛直播地点

主播在进行直播预告的时候，可以对直播地点进行自定义，输入一些非常新奇、吸引人目光的直播地点，比如"在火星"这类比较特别的位置，或者添加一些知名景点的位置，吸引人来点击直播。下面介绍直播地点设定的操作方法。

步骤 01 打开淘宝主播 App，进入 App 账号后台，❶ 点击界面左上方显示的"手机直播"按钮，进入"创建直播"界面；❷ 点击屏幕下方的"直播地点"右侧的"点击选择"文字，如图 7-20 所示。

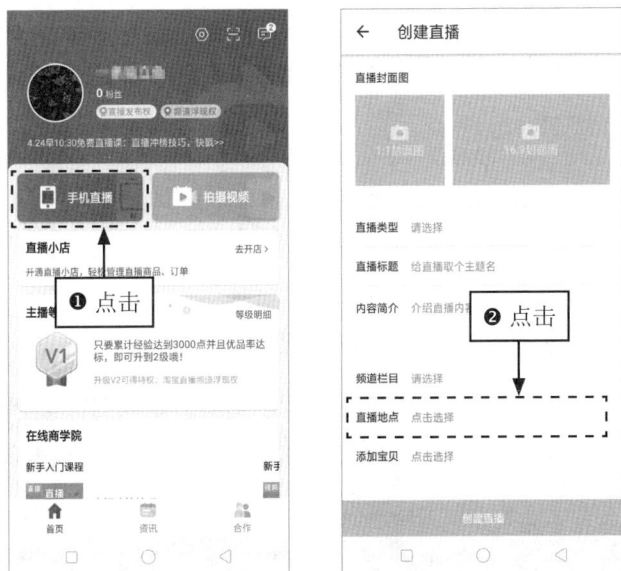

图 7-20 打开淘宝主播 App 进行相关操作

步骤 02 ❶ 进入"添加位置"界面；❷ 在输入框中输入想定义的地点，如图 7-21 所示。另外，在完成这项操作时，最好关闭手机的定位功能。

图 7-21　进入"添加位置"界面，在输入框中输入自定义位置

7.2.6　预告宝贝：挂一到三款畅销衣服

主播在发布直播预告，进行购物袋宝贝准备时，必须上传 3 个宝贝，否则不能发布。此外，宝贝数量发布得越多，越能匹配到更多用户，吸引更多用户来关注。下面介绍如何在手机上发布直播预告时添加宝贝，以及关于添加宝贝后的一些常见问题。

1. 添加宝贝

步骤 01　打开淘宝主播 App，进入 App 账号后台，点击界面左上方的"手机直播"按钮，如图 7-22 所示。

步骤 02　进入"创建直播"界面，在界面中根据个人实际情况填写相关信息，点击屏幕下方的"添加宝贝"右侧的"点击选择"文字，如图 7-23 所示。

步骤 03　进入"添加宝贝"界面，点击左上方的"+"按钮，如图 7-24 所示。

步骤 04　进入"选择宝贝"界面，如图 7-25 所示。

图 7-22　点击"手机直播"按钮　　图 7-23　填写信息时点击"添加宝贝"选项

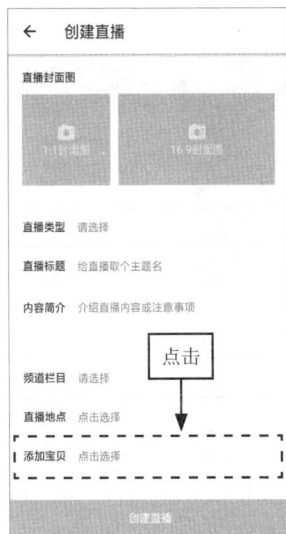

图 7-24　点击"+"按钮　　　图 7-25　进入"选择宝贝"界面

步骤 05　在出现的商品前，选择需要上传的商品，❶ 勾选商品前的圆圈；❷ 点击界面右下方的"确认"按钮，如图 7-26 所示。

步骤 06　执行操作后，就会显示宝贝添加成功，如图 7-27 所示。

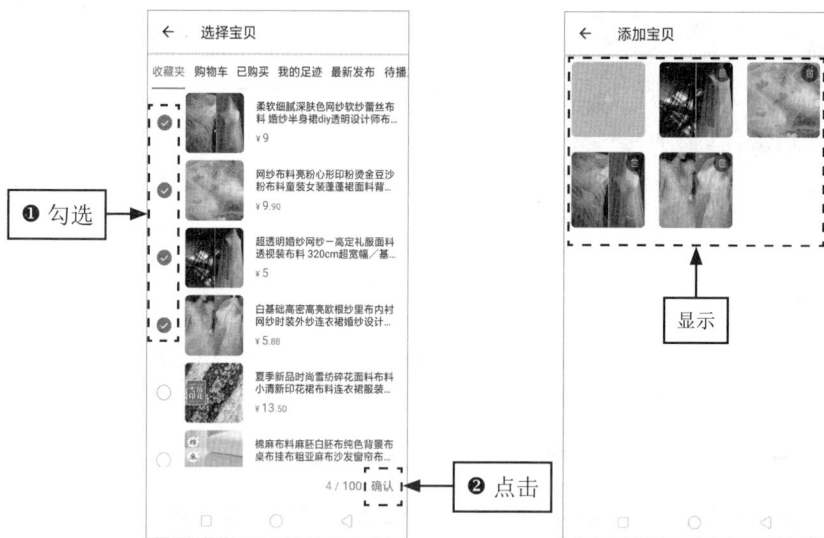

图 7-26　勾选圆圈，点击"确认"按钮　图 7-27　显示宝贝添加成功

2. 常见问题

在直播过程中，关于添加宝贝时常出现的一些问题和解答方案如下。

（1）问：在直播间如何让宝贝按照顺序展示呢？

答：若希望在直播间添加的宝贝按照顺序展示，请您在直播开播后添加宝贝；若在发布直播预告时添加宝贝，则不一定会按顺序展示。

（2）问：如何解决在淘宝直播中，商品添加错误的问题？

答：目前在直播中无法对添加的宝贝进行删除，若添加错误，则建议重新发布直播。

（3）问：如何在淘宝直播中添加商品 / 宝贝？

答：要想在淘宝直播中添加宝贝，需要符合 3 个条件，如图 7-28 所示。

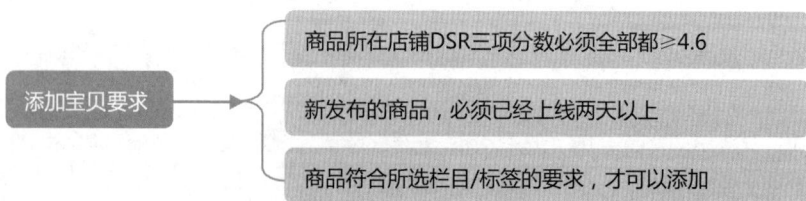

图 7-28　添加宝贝要求

7.3 做好直播间诊断优化，让直播间人气不再低迷

在直播间，主播需要长时间和粉丝进行沟通，了解粉丝的购物需求，解决粉丝在屏幕上提出的问题。因此，主播常常分身无暇，顾不过来。

在直播的过程中，很容易出现直播间气氛上不来、冷场的局面。为了避免这种情况的发生，机构和主播都需要对直播出现的相关问题进行诊断优化，从而更好地稳固、提升直播间的人气。

7.3.1 避免直播间常犯错误，维持人气

主播在直播过程中，很可能由于如下 3 个常见的问题，不仅无形中流失了粉丝，还会无意间触犯了直播间的禁忌。

1. 离开镜头，长时间不看镜头

眼神是一种情感表达和交流的方式，在直播时，通过屏幕和粉丝进行眼神交流也是很重要的，它可以让粉丝感受到主播的用心和真诚。

利用直播这种形式和粉丝进行沟通本来就有局限性，尤其是服装销售主播，需要更换衣服款式，所以很容易出现离开镜头的情况。在处理一些粉丝或者其他工作人员的问题时，主播也容易偏离镜头，从而破坏与粉丝间的互动，让粉丝觉得自己没有被重视。

2. 直播时间不固定，随意下播

直播间大多数粉丝会日久生情，在固定的时间直播，可以养成粉丝看直播的习惯。

主播的直播时间不固定，在直播过程中随意下播，或者经常更换开播时间，会导致粉丝在以往的时间点来平台却没有看到主播的直播间开播，从而点进其他的直播间。所以，随意更换直播时间，会使之前的粉丝无法协调自己的观看时间，很可能之后就不再观看这个直播间。

3. 在直播顶峰期断播、停播

主播在自己的直播顶峰期出现断播、停播等情况，对之后的直播来说，基本是一种毁灭性的打击。我们可以看到，即使是直播行业的顶级主播，如薇娅、李佳琦等也时刻保持高频率的直播次数，不敢放松一丝一毫。

这是因为主播在直播顶峰期断播、停播，相当于离开了唯一的曝光平台，只会逐渐地被观众、粉丝遗忘，之后想再重新开播，影响力也会大不如前。

7.3.2 借助工作人员的协助，减轻压力

主播在进行时间长的直播工作时，由于主播要不断地向观众展示服装上身效果，还要活跃直播间的气氛，此外还要介绍服装的款式、尺码、风格，有针对性地回答直播间粉丝提出的各种问题，工作量非常大。

服装主播在更换服装时，为了加快速度，就可以让工作人员协助主播挑选、搭配服装。图 7-29 所示为助手协助主播搭配服装。

此外，在主播离开镜头更换服装时，可以由工作人员来解决粉丝提出的服装库存、服装价格等问题，以便及时解决粉丝的问题，让直播间的气氛活跃起来。图 7-30 所示为工作人员在镜头前和粉丝进行沟通。

图 7-29　助手协助主播搭配服装　　图 7-30　工作人员和粉丝进行沟通

第 8 章

深挖卖点：用优质的产品撩动粉丝的心

对直播销售行业来说，产品就是核心。主播在进行服装直播销售时，其中关键的主角就是主播所推荐、销售的服装。如何使产品拥有受众群体，如何让顾客愿意购买产品，这是每一位从事直播销售的主播所需要解决的问题。本章将介绍如何挖掘产品卖点，撩动粉丝的心。

8.1　选择优质的货源，持续链接粉丝

对从事服装直播销售的主播来说，进行服装展示这一环节是关键的。主播通过对服装的介绍，向观众和粉丝展示服装的风格、版型、材质、上身效果等情况，从而吸引顾客的注意力，使顾客产生购买的想法。图 8-1 所示为主播在直播间进行服装上身效果的展示。

图 8-1　主播在直播间进行服装上身效果的展示

想要完成这一环节的关键核心点，除了主播的因素外，就是商品的因素。商品作为直播销售中的主角，可以说决定了直播间的生命年限。

由于服装直播销售这一板块发展得越来越快，机构和主播对货源的需求也与日俱增，从而促使服装产业链迅速发展。图 8-2 所示为服装供应档口。

图8-2 服装供应档口

如今，数量繁多的服装基地为机构、主播提供服装货源，虽然这在一定程度上保证了货源的充足，但是主播和机构想要在服装直播销售行业长期发展下去，就需要对货源的质量严格把关。

和在网上购物一样，顾客虽然完成了对产品的下单行为，但是，当顾客收到产品后，一旦产品的质量、款式等不符合自己心中所想，极大可能就是，顾客再也不会有第二次购买的需求和想法了。图8-3所示为消费者心理分析。

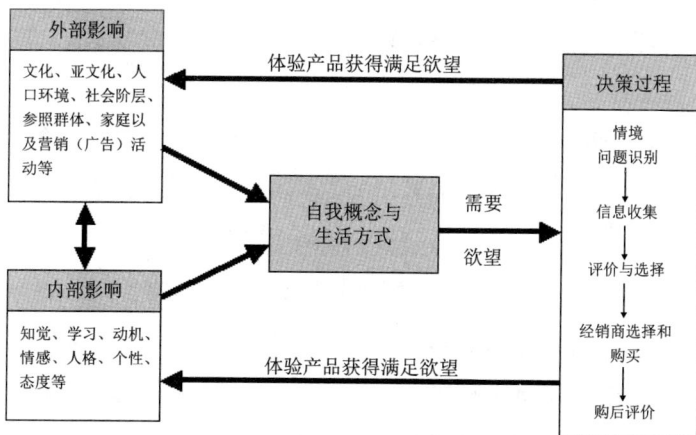

图8-3 消费者心理分析

　　这种一次性购买行为的现象，对商家来说，不仅无法获得忠实的消费者，还可能由于消费者的差评，导致商家形象受损，影响更多消费者的判断，不利于产品的销售。图 8-4 所示为用户购买的决策流程。

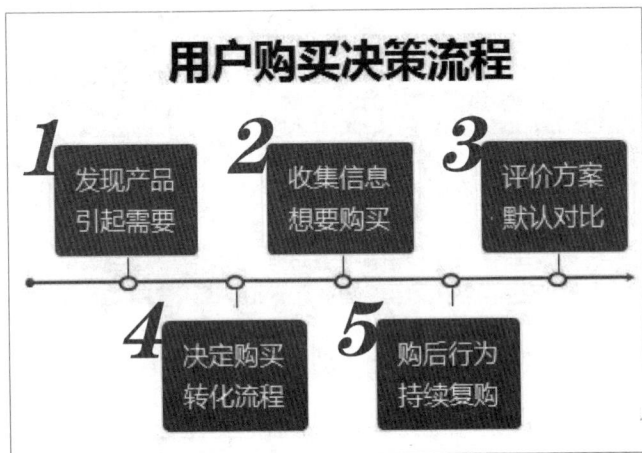

图 8-4　用户购买的决策流程

　　如果想让初次购物的消费者有第二次复购的行为，使普通消费者转变成忠实消费者，最关键的就是，商家所提供的商品可以让消费者满意、喜欢。

　　现代人常常有一种习惯性的购买行为，简单来说就是，消费者在多次购买后会形成习惯性的反应行为，当其在选择某种产品时，总会倾向于曾经购买过的产品。这表明，只要产品让顾客有依赖感、信任感，顾客再次下单行为的概率就非常大。

　　现在，大众对服装的需求量是庞大的，季节变化、场景要求、个人喜好都使得大众对服装款式、类型、风格有着不同的需求，需求就会促使消费者产生购买行为。

　　面对这种长期且大规模存在的需求，对从事服装直播销售的主播来说，如果自己的货源好，款式多样，可以满足消费者在日常生活中各种场景的需求，那么消费者出于习惯和信任的心理，在关注主播直播间后，就很容易在同一间直播间去购买产品，甚至愿意无条件地跟着主播来买买买。

　　图 8-5 所示为主播李佳琦和薇娅在淘宝直播平台拥有的关注量。

图 8-5　主播的粉丝关注量

8.1.1　分析商品信息，了解货源选择

主播在进行服装商品销售前，首先要学会对商品进行基本情况的分析，确保货源的质量，了解商品的受众群体，确定所销售的服装款式存在一定的市场需求和它的市场容量情况，才可以进行下一步行动。

这样可以保证主播在后续的销售工作中，能够获得经济效益。除此之外，只有找到自己的受众群体，才可以对他们进行系统、详细的分析。

只有有针对性地对受众群体进行产品的介绍、推销工作，才能满足他们的需求，让他们产生购买的行为，从而达到提高商品成交率的目的。下面讲解如何通过对服装商品进行相关信息的了解，找到优质的货源，从而达到持续链接粉丝的效果。

1. 商品受众分析

不同的消费者有不同的信息关注点，对直播间的观众来说，其性别、年龄、需求点都可能存在不同之处，自然他们对服装的关注重心也会不一样。

例如，同样一件外套，对年轻女性来说，会看重它的美观性，而对年纪较大的女性来说，会更加关注服装的实用性。

这时，主播就要学会了解粉丝的年龄等个人情况，从而判断其关注点、分析其购物心理，那么在选择货源时，就会有侧重点。通过主播在直播间展示的服装风格就可以大致了解其粉丝的群体类型，如图 8-6 所示。

粉丝群体较年轻　　　　　　　　粉丝群体较年长

图 8-6　主播受众群体的区别

2. 商品款式市场风向

由于服装行业发展迅速，大众对服装款式、风格的更新速度的要求越来越高。有些款式，在上个月是流行趋势，引发众人购买，非常畅销，但是在这个月，这些款式很可能就已经落伍，没有人愿意去购买。

对快销服装品牌来说，需要时刻保持服装款式的新颖、流行化，而对服装主播来说，虽然也需要时刻保持服饰款式的新颖和流行，但是更需要考虑市场的服装风向。

了解市场服装风向，主播才可以满足顾客、粉丝的需求。同时，主播也能避免出现如下情况：好不容易得到一批优质货源，准备好好在直播间向观众、粉丝介绍推荐时，它却已经不再流行，无法吸引粉丝来购买，只能低价出售或者留在库存里，成为压箱货。

3. 商品市场容量分析

市场容量，是指在一段时间内，在特定区域市场中，消费者有购买力支撑的，对某种商品的现实和潜在的市场总需求量。

主播在推销一款服饰前，需要了解这款服饰的市场需求空间以及需求量，根据市场容量来进行服装的选择，才可能有不错的销售额。

如果市面上同类型的服饰设计、风格已经饱和，到处都有在卖这款服饰的商家，此时主播再跟着购入这款商品，那么会出现如下情形：第一，竞争太大，无法达到理想的销售额；第二，这款商品已经不能再刺激消费者购买，商品难以卖出去。

8.1.2 学会自主选品，提高粉丝黏度

如何提高粉丝的黏度一直是机构和主播非常关心的一点。在直播平台上，有无数的直播间可供消费者去点击、观看。同理，服装直播间的粉丝一样拥有绝对的选择权和去留权。

这时，不仅需要主播以个人魅力去吸引、留住粉丝，也需要通过商品来打动、留住粉丝。而对这些有消费需求、消费能力的粉丝来说，商品的质量、款式和价格最牵动她们的注意力。如何吸引粉丝，提高粉丝黏性？可以从如下两方面作出改进。

1. 商品要和主播相配

主播在进行服装直播销售时，在服装风格的选择上，最好能够选择和自身形象相匹配的服装款式。图 8-7 所示为不同风格的服饰，由不同形象风格的主播来展示。

图 8-7　服装风格和主播形象相符合

这样，在向粉丝介绍和推荐服装的时候，给观看者的视觉效果会比较统一、和谐，能让观众产生信服感，使主播的行为举止具有一定的说服力，从而保证粉丝的留存比例，保证粉丝的纯度。

2. 主播自主选品技巧

主播在选择服装商品的时候，最好可以学会自主选品。因为，只有商品选得合适、恰当，才能保证它的销售情况和转化率。至于主播如何掌握选品技巧，可以根据如下两个要点来了解。

（1）了解选品原则，进行选品工作

选品，实际上是为平台匹配的兴趣用户选品。在找到精准的受众群体后，需要根据受众群体来进行选品。

它要求主播在推销一款服装前，要对服装有基本的了解，判断市场的需求，了解这款服饰的需求空间以及需求量，根据市场的需求来进行服装款式、风格的选择。

但选品的原则：第一，主播自己要喜欢，只有主播自己喜欢的产品主播才能更好地向粉丝推荐；第二，根据主播适合的风格来选品。

如果主播属于小个子体型，那么在服装的选择上就应该尽量避免那些长款类的服装；如果主播属于偏微胖体型，那么在选品上就可以倾向于版型较修身或者直筒中性类的服装。图 8-8 所示为大码服装直播间的服装款式。

图 8-8　大码服装直播间的服装款式

直播间是一个现场购买的场景，主播的亲身体验是促成交易的最重要因素，所以主播最好结合自身的喜好和适合的风格来进行选品工作。

（2）分析商品特色，培养选品思路

从选品技巧方面来说，如何培养选品思路是一个关键点，只有一个好的选品思路，才能让自己在选品的过程中，更加便捷、快速地进行商品的选择，同时还能保证选择的商品有一定的消费市场。下面介绍 3 点服装选品思路。

第一点：在普通商品中找突出、有特色的商品。

从普通产品中找出特色产品，就是找出比普通商品更加有特色的商品。比如人们冬天穿的保暖内衣，这是非常普通的产品，没有什么特别之处，也找不出什么特别的花样，但是现在，它也可以以新的模样出现在大众的选择中。

发热保暖内衣就是保暖内衣产品中比较有特色的产品，质地轻薄，其特色就是使穿着者行动自如，又自带发热功能，兼具保暖性。图8-9所示为普通保暖内衣和发热保暖内衣。

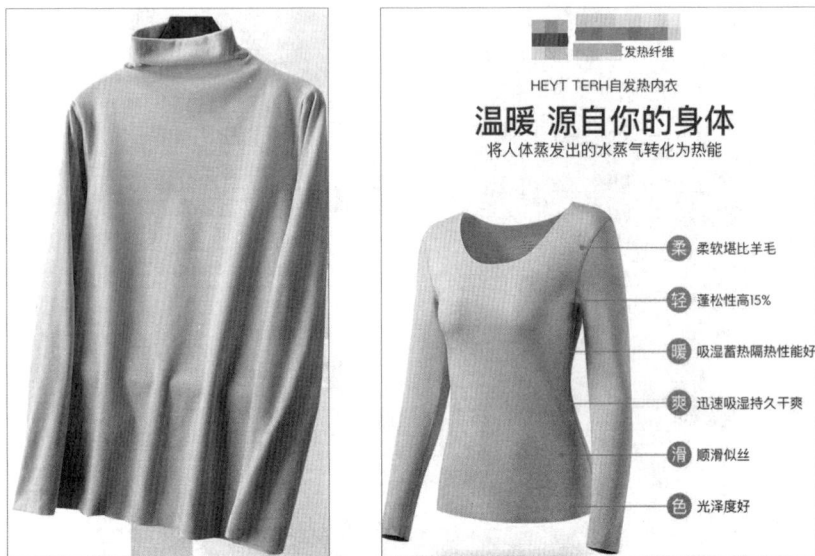

图 8-9　普通保暖内衣和发热保暖内衣

第二点：寻找有特定用途的商品。

有特定用途的商品，是指有明确的用途的产品，消费者购买这种产品时，比较注重它的功能性。比如，塑型内衣就可以起到保持身材的作用，它就是一种有特定用途的商品。

第三点：了解商品本身的利润情况。

对商家和主播来说，销售服装必然涉及产品的利润。销售商品，目的是获得较大的经济价值。

在选品方面，如果不根据商品的利润情况进行分析，从而选品，就很容易导致主播付出了极大的精力去卖货，结果利润微薄，甚至需要倒贴，那么这款商品即使再适合自己的粉丝群体，也需要慎重考虑。

8.2　学会利用卖点，提高产品销售额

产品卖点可以理解成产品优势、产品优点、产品特点，也可以理解为自家产品和别人家产品的不同之处。那么怎么让顾客选择自家的货品？和别家的货品相比，自家货品的竞争力和优势在哪里？

在销售过程中，用户或多或少会关注其中的某几个点，并在心理上认同该产品的价值，其中促使顾客产生购买行为的，就是产品的核心卖点。

找到卖点，也就是让消费者接受商品，并且认可其利益和效用，最后达到产品畅销和建立其品牌形象的目的。

由此，对商家来说，找到产品或服务的卖点，不断强化和推广，并通过快捷、高效的方式，将找出的卖点传递给顾客是非常重要的。图 8-10 所示为男士外套的宣传卖点。

图 8-10　男士外套的宣传卖点

8.3 挖掘产品卖点，最大化呈现价值

主播在直播间进行服装销售时，要想让自己销售的商品有不错的成交率，就需要满足目标受众的需求，而满足目标受众的需求就需要通过挖掘卖点来实现。

如果产品的卖点在满足目标受众需求的对比中无法体现产品的优势，那么卖点也不能称为卖点。想要使商品最大化地呈现其价值，主播就需要学会从不同的角度来挖掘服装商品的卖点。

8.3.1 从服装宣传语方面挖掘卖点

主播可以根据服装款式和风格，设计出一些新颖的宣传词，从而吸引粉丝的注意力。例如，连衣裙：既可以作为外套披搭，也适合打造清爽舒适的日常穿搭；半开领上衣：斯文休闲两相宜。

通过合适、恰当的宣传语，可以激发顾客的好奇心，向往宣传语中营造的服装效果，从而促使顾客下单购买。图 8-11 所示为麻混纺连衣裙、上衣及宣传语。

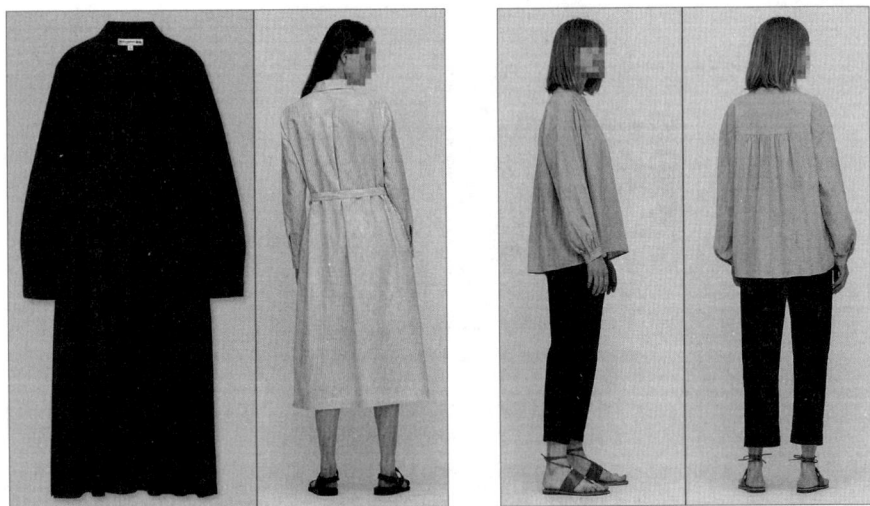

连衣裙：可作为外套披搭，可日常穿搭　　半开领上衣：斯文休闲两相宜

图 8-11　通过服装宣传语来挖掘卖点

8.3.2　从服装的质量角度挖掘卖点

产品质量主要是指顾客的满意度。大部分人在选择、购买服装时，都会考虑服装的质量。对大多数人来说，质量的好坏，决定了其是否下单，以及是否愿意再次购买。

随着流水线生产模式大规模地发展运用，产品的质量无法得到百分百的保证，部分服装商品的质量欠佳，出现褪色、起球等影响服装穿着效果以及穿着时长的问题，使得消费者对服装的质量问题特别关注。

同时，随着社会的不断发展，人们的经济收入增多，消费能力增强，消费需求发生变化，开始追求产品的质感，于是现代人对服装的质量有了另一种要求。

对于服装，顾客除关注服装的实用性、耐用性外，开始注重考虑服装能不能让自己穿得舒适。为此，很多的服装品牌、商家在展现产品的卖点，体现产品的特色时，注重其质量方面的展现。图 8-12 所示为商家标明服装的质量优势，以此形成卖点。

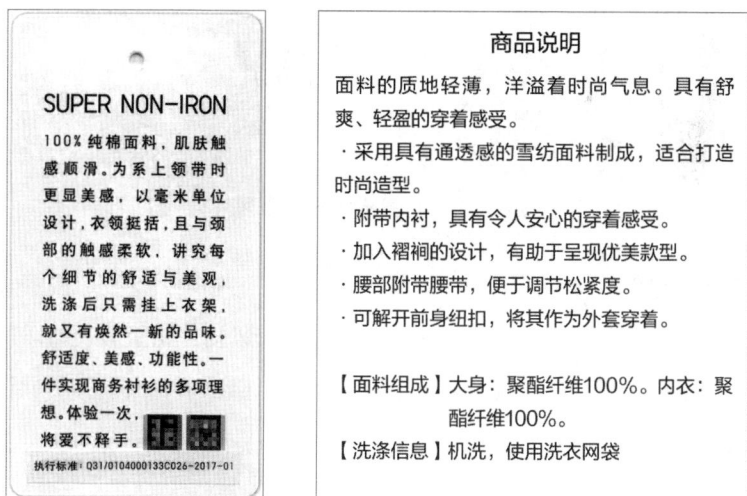

图 8-12　服装质量卖点

所以，主播在挖掘服装卖点的时候，可以尽情地向观众、粉丝展示服装的质量情况。例如，这款衬衫可以体现穿着者的优雅气质，而且衬衫不易起皱，不用费时打理；这款裙子质地轻薄，非常轻盈，特意搭配内衬，不易走光，等等。

8.3.3　从服装的版型风格挖掘卖点

对顾客来说，由于环境、场景、心理等多种因素，对服装款式的需求也是不一样的。服装的每一种版型都会呈现出不同的视觉效果，所以主播可以根据服装不同的版型风格，来突出服装的卖点。

例如，西装裤可以突出它的干练风格；牛仔裤则使顾客在日常行动中不受拘束；裙装可以凸显气质。图 8-13 所示为服装不同的版型风格。

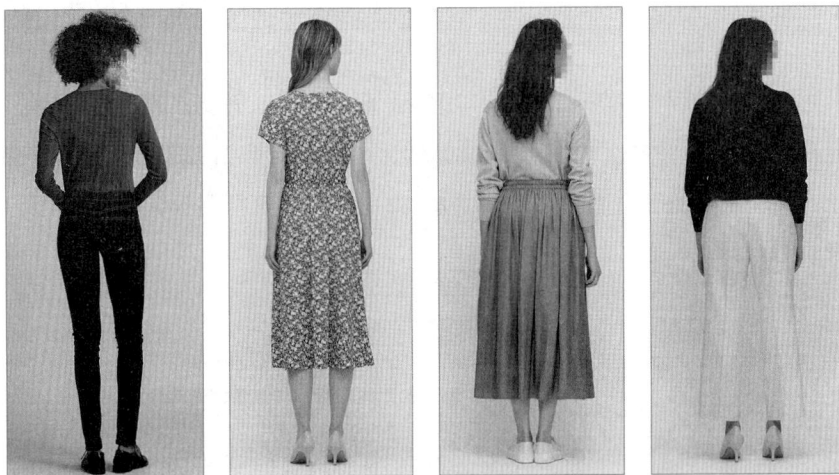

图 8-13　服装不同的版型风格

大部分顾客会有两种以上的服装风格需求。在工作中，想要体现干练气质的服装风格；在生活中，则会偏向舒适、自在的服装风格，希望服装可以展现自身的美。面对这种情况，主播就可以从服装的版型风格着手，根据其所展现的风格来寻找卖点。

8.3.4　从服装的上身效果挖掘卖点

在实体服装店，顾客只能看见陈列在卖场中的服装，这只是一种平面的视觉呈现虽然服装店会有人型模特来展示衣服的立体效果，但始终不能大规模地进行这种操作，而在网上旗舰店购买商家的产品，大多也只能看到模特对服装进行上身效果的展示，如图 8-14 所示。

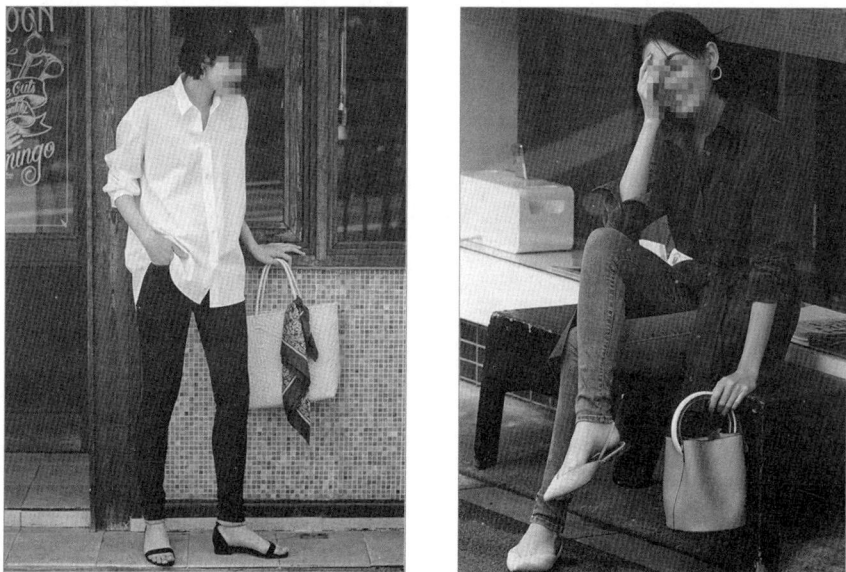

图 8-14　服装模特进行效果展示宣传

然而，对现实中有购买需求的顾客来说，他们的身材、体型无法像模特一样标准，自然不能以模特上身效果来对照自身情况。

服装的上身效果一直是顾客最关注的点，不管服装的宣传语、质量等多么好，如果不清楚是否真的适合自己，顾客很可能就会放弃购买，可如果要顾客自己一件件地去试穿，又太浪费时间和精力。

为此，主播可以通过服装的上身效果来挖掘产品的卖点，如果服装的上身效果是较宽松、男友风格的，就可以针对身材不太完美的顾客，向其介绍这款衣服可以隐藏赘肉，修饰不完美的身材，让其产生下单的欲望。

8.3.5　结合当今流行趋势挖掘卖点

流行趋势是指一个时期内，某一群体中模仿、追逐某一创新事物或形式并广泛传播的社会现象。主播在挖掘服装的卖点时，就可以结合当前流行趋势来找到服装的卖点，这也是各商家惯用的营销手法。图 8-15 所示为淘宝卖家结合流行趋势挖掘产品的卖点。

图 8-15　结合流行趋势挖掘产品的卖点

例如，当市面上大规模流行莫兰迪色系时，在服装的宣传介绍上就可以标注莫兰迪色标签来吸引消费者的关注；当夏天快要来临时，女性想展现自己性感身材，一字肩款式的服装就可以在卖点上突出"展现好身材"的效果。

8.3.6　借助"名人"效应打造卖点

名人效应是指名人所产生的吸引群体注意力、强化事物形象、扩大影响范围的现象。大众对明星的一举一动都非常关注，他们希望可以靠近明星的生活，得到心理上的满足。这时，明星同款就成为服装非常好的一个宣传卖点。图 8-16所示为网上销售的明星同款服装。

图 8-16　明星同款服装

名人效应早已在人们生活中的各方面产生了一定的影响。例如，选用明星代言广告，可以刺激大众消费；明星参与公益活动项目，可以带领更多的人去了解、参与公益。名人效应就是一种品牌效应，它可以带动人群。

主播如果利用名人效应来营造、突出服装的卖点，就可能吸引消费者和粉丝的注意力，让其产生购买的欲望。

8.3.7　从服装原创品牌中突出卖点

对于流行的服装款式，每一个服装品牌店、流水工厂店都会生产类似的服装款式，甚至服装之间的版型、风格都差不多。面对这种情况，主播想让自己的产品更加有竞争力，就可以在加工制作、品牌上打造差异化的卖点。

主播销售的服装如果是原创设计制作款，就可以在直播时强调这款服装的版型都是精心设计的，比一般的流水线服装更加有设计感，做工更加细致；如果是品牌服装，就可以突出服装的质量保障以及质感。

图 8-17 所示为直播间标注的品牌服装标识。

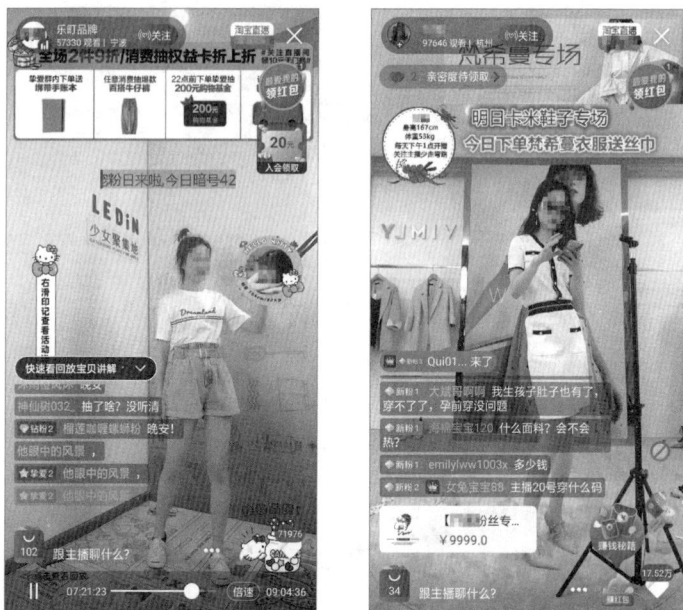

图 8-17　直播间标注的品牌服装标识

8.3.8　借知名设计师的名气形成卖点

知名服装设计师每一次设计的服装面世，都能吸引大众的目光。对大众来说，知名设计师所设计的服装，在一定程度上就是代表流行、经典、出色。除此之外，也代表设计师的一种人生态度和人生经历。

消费者出于对设计师个人的崇拜、追随以及信任，往往去购买甚至抢购其设计的服装。所以，主播在挖掘服装的卖点时，如果这款服装是设计师款，或者设计师同款，就可以着重突出这一标识。

8.3.9　针对不同消费人群突出卖点

不同的消费人群对服装的关注、需求点不同，主播在面对这种情况时，就需要有针对性地突出服装的卖点，从而满足不同顾客群体的需求。

例如裙装，对成人服装款式来说，需要在卖点上突出服装的美观性、多功能性；对儿童款来说，它的设计就要突出可爱的风格，在卖点宣传上会偏向于服装的实用性和舒适性。图 8-18 所示为成人款和儿童款服装的对比效果。

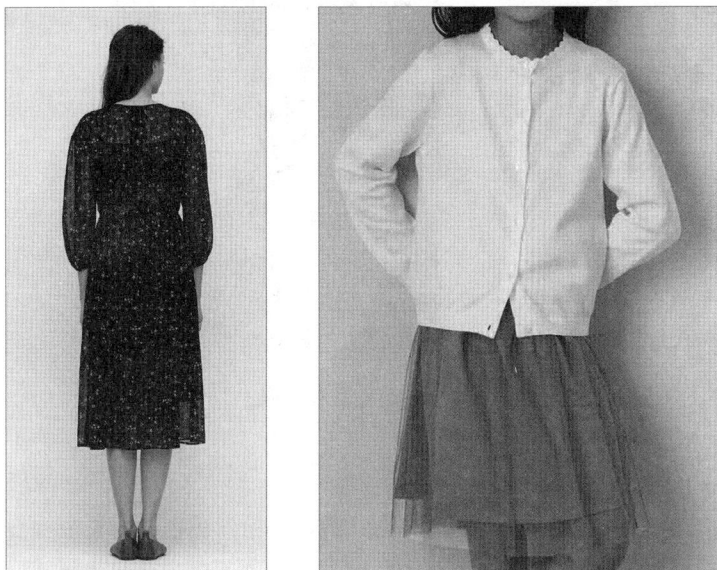

成人款服装　　　　　　　　　儿童款服装

图 8-18　针对不同的年龄层突出服装卖点

8.3.10　针对服装的特色展示卖点

主播在进行服装直播销售时，可以着重展示服装款式比较出色的设计部位，这种细节往往可以吸引消费者的目光，打动消费者的心，使其产生购买欲望。

当服装穿在身上时，服装的细节特色很难展现出来，这时就可以通过拍摄照片对服装的细节之处进行醒目的展示。这是利用消费者希望自身的形象更加有特色和新颖感这一心理，同时让追求细节的消费者看到想要的细节展示。图 8-19 所示为利用图片展示服装特点，吸引消费者目光。

图 8-19　利用图片展示服装特点

另外，在直播时，当主播拿到服装后，发现服装的某个设计特别好，想展现给屏幕前的粉丝看，吸引他们的注意力；或者有粉丝提出，想看主播身上服装的某个细节部位，为了激发粉丝的购买欲望，解决顾客提出的需求，就可以采取直接靠近镜头的方式，把服装的特色设计展现出来，以此形成卖点。

图 8-20 所示为主播直接通过镜头向观众展示服装细节。

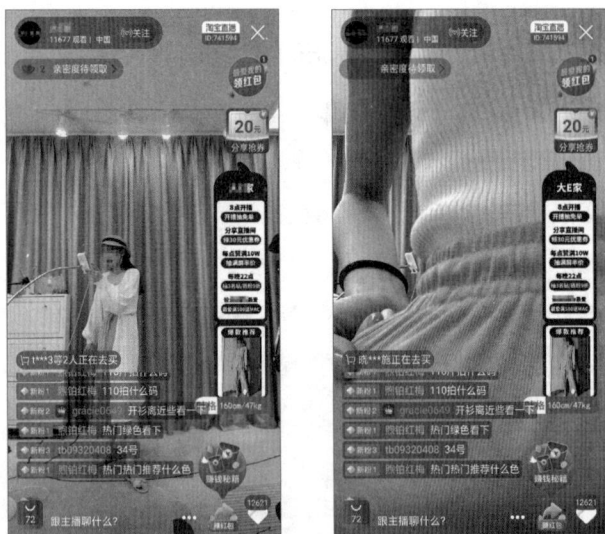

图 8-20　主播贴近镜头展示服装细节

第 9 章

带货技巧：产品能够为
消费者带来价值

作为服装直播销售主播，每个人都能够吸引大量粉丝关注，都能成为带货达人。但是，要想激发粉丝的购买行为，关键前提是：主播能让消费者察觉到产品带来的价值。本章将从消费者角度入手，介绍如何通过抓住消费者的痛点、痒点、爽点，来解决销售过程中的关键问题。

9.1　如何利用痛点、痒点、爽点发挥关键性作用

主播在进行服装销售时，如何把产品销售出去，是整场直播的核心点。和实体店一样，主播需要通过和顾客沟通、交流，同时运用说话技巧，抓住顾客的消费心理，来促使顾客完成最后的买单行为。

让顾客放下买单前的最后一点犹豫，是很多企业、商家、工作人员最关心的一点，毕竟有太多的顾客，在最开始表现出强烈的购买愿望，在需要付款的那一刻却犹豫、放弃了。这种情况在日常生活中时常发生，销售人员往往花费了一定的精力、时间，却由于顾客没有完成最后的付款行为而功亏一篑。

下面讲解如何通过痛点、痒点、爽点来分析顾客心理，如何利用痛点、痒点、爽点来促使顾客完成最后的付款行为。图 9-1 所示为产品需求的 3 个关键点。

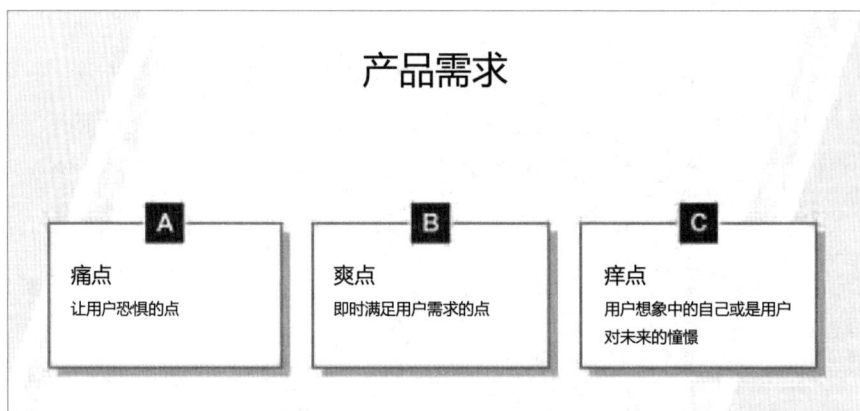

产品需求

A 痛点	B 爽点	C 痒点
让用户恐惧的点	即时满足用户需求的点	用户想象中的自己或是用户对未来的憧憬

图 9-1　产品需求的 3 个关键点

9.1.1 解决痛点：给观众一个"不得不买的理由"

痛点，就是顾客亟须解决的问题，没有解决痛点，顾客就会很痛苦。顾客为了解决自己的痛点，一定会主动地去寻求解决办法。研究显示，每个人在面对自己的痛点时，是最有行动效率的。

大部分顾客进入直播间，就表明其在一定程度上是对服装有需求的，即使当时的购买欲望不强烈，主播也完全可以通过抓住消费者的痛点，让购买欲望不强烈的消费者完成下单行为。

找准消费者的痛点，从消费者的痛点切入，消费者就会主动采取能够解决自身痛点的办法，这时，极大可能就会通过向主播寻求方法来解决痛点问题。主播可以通过解决观众、粉丝的痛点，让其产生一定要拥有这件服装的想法。图 9-2 所示为消费者人群特征和网络消费者行为分析。

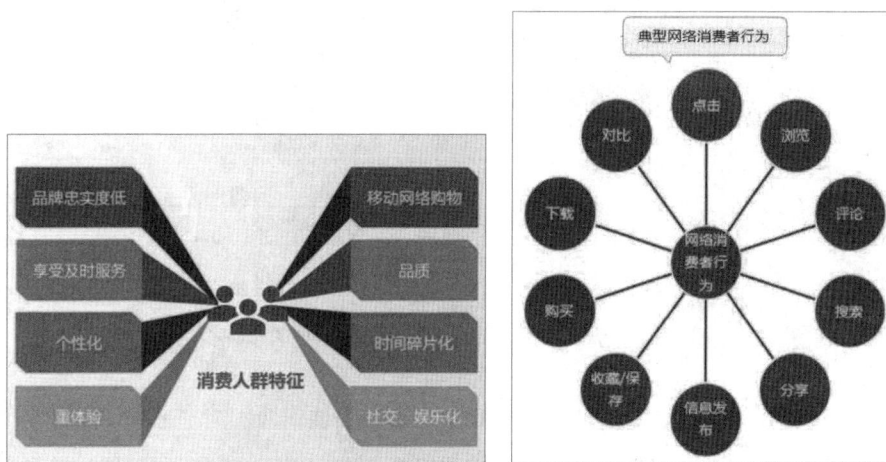

图 9-2 消费者人群特征和网络消费者行为分析

9.1.2 提出痛点：找出用户对于该类产品的"刚需"

当新人主播提出痛点的时候，需要注意：只有有关"基础需求"的问题，才能算是真正的"痛点"。基础需求是用户最根本和最核心的需求，基础需求没有得到解决，人的痛苦会非常明显。

服装是每一个人在日常生活中时刻都需要使用的产品。一个人在社会上生活，可以几天不吃饭，但不会不穿衣服。同时，衣服在某种程度上代表一种体面和形象。

图 9-3 所示为春、夏两个季节的服装款式。

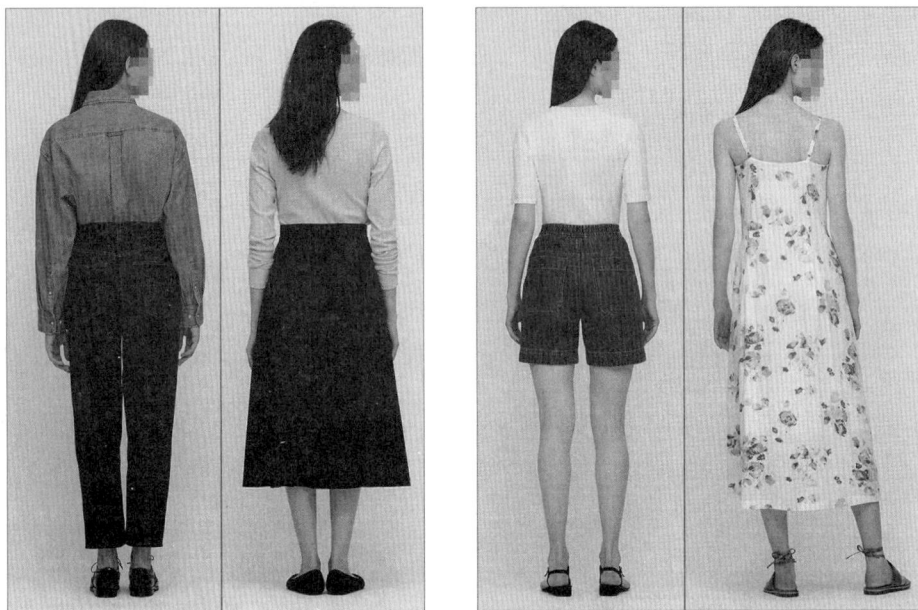

春: 长外套、牛仔裤、半身长裙　　夏: 短袖、牛仔短裤、薄裙

图 9-3　季节变化导致人们的服装类型需求不同

主播在介绍服装的时候，不妨从痛点入手。服装作为刚需产品，即使顾客现在不需要，也不代表顾客的购买需求和欲望不存在。这时，主播需要做的就是激发顾客的购买需求和欲望。

9.1.3　放大痛点: 全面化和最大化地找出用户痛点

现代社会对服装的要求逐渐严格，在不同的场所、环境下，出席者都应该穿着得体。衣服所蕴含的功能已经从最开始的遮羞、保暖、保护作用，演变成展示个人形象、个性的作用。

在现代社会，衣服是构成个人形象的关键因素，服装在某种程度上就是一个人的形象名片。一件得体的服装和一件不得体的服装，给人的印象是截然不同的。
"人靠衣装马靠鞍"，这句话最简单直白地表明服装可以起到美化、修饰个人形象的作用。

图 9-4 所示为服装对人物形象和气质起到美化效果。

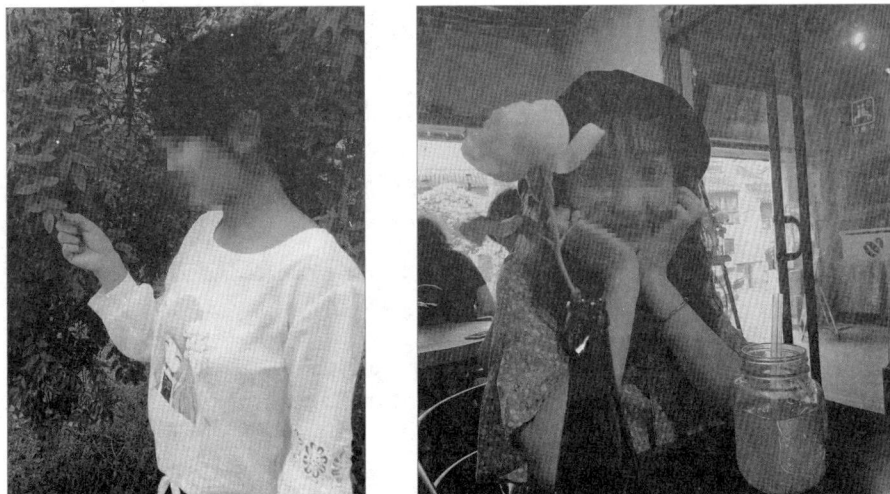

图 9-4 服装对人物形象和气质的美化效果

主播在推荐服装时，就需要最大化地找出、放大用户的痛点，向用户强调，穿着好看的衣服，可以自信地展示自己的美，从而获得别人的好感，而用户穿着不适合个人形象的衣服，可能无法自如地展现自己，从而错过展示的机会。

9.1.4 引入产品：把要卖的服装产品给用户提出来

主播在找出、放大用户的痛点，让顾客产生想要解决痛点的想法后，可以慢慢地引入自己想要推销的服装产品，给顾客提供一个解决痛点的方案。就相当于，一方对服装有需求，另一方就提供这个需求给其选择。

在这种情况下，很多人都会被主播提供的方案给吸引住。毕竟痛点出来了，顾客一旦察觉到痛点的存在，第一步反应就是消除这个痛点。在营造出顾客对服装的需求氛围后，主播再展示要推销的产品，得到的顾客注意力就会更加强烈、集中，顾客心情甚至会有些急切，希望可以快点解决自己的痛点。

面对这种情况，主播在介绍服装的时候，可以利用顾客为解决痛点而产生的急切情绪，从服装款式、风格、布料、色彩、上身效果等几个方面细致地介绍一番，总有一个亮点可以进一步打动顾客的心。图 9-5 所示为在主播展示服装的过程中，顾客发送的询问弹幕。

图 9-5　在主播展示服装的过程中顾客发送的询问弹幕

9.1.5　建立信任：让用户对产品产生信任，建立好感

当顾客对产品产生兴趣，有进一步了解的欲望时，主播就需要和用户建立起信任。这可以在一定程度上避免出现如下情形：顾客觉得主播推荐的衣服款式特别好，特别适合自己，却选择在其他渠道上下单购买。

出现上述情况，主播就相当于为他人做了嫁衣，自己付出了努力，产生的效益却在别家。因此，主播需要和顾客培养信任感，让顾客安心、放心，一旦和顾客的信任感建立成功，也就自然而然地使交易成功达成。

用户的信任感并非可以立刻建立起来，它需要经过一段时间的了解、观察、互动才能慢慢确定起来。图 9-6 所示为建立信任感的 5 个关键维度。

图 9-6　建立信任感的 5 个维度

在这个过程中，主播可以在直播间与观众聊一些服装的知识，分享一些服装的穿搭心得和技巧，提供一些专业的穿搭建议来增加观众对自己的信任。营销的本质，就是帮助用户创造价值，而建立信任感的目的，就是让用户相信主播是可以帮助他们创造价值的。

9.1.6　消除担忧：使用户没有后顾之忧，放心购买

主播希望顾客能爽快地下单，因此解决顾客的后顾之忧是非常有必要的。现在很多的品牌商家为了提高产品的销量，往往会向消费者表示商品在一定的期限内可以免费退换，从而消除了顾客对收到产品后可能不满意的担忧。

现在，很多直播间都会在直播界面内标明产品的售后处理情况，让进入直播间的观众可以安心购买。图 9-7 所示为直播间标明的商品退换货信息。

图 9-7   直播间标明的商品退换货信息

这种策略在一定程度上表明了商家对自己的产品有足够的信心，相信顾客会喜欢这款产品。同时，采取免费退换的承诺，也是建立用户信任感的有效策略，顾客即使对收到的服装款式、风格不喜欢，也不会产生任何的经济损失。

9.1.7   降低价格：让消费者感觉服装产品非常超值

主播在推荐服装时，可以适当降低服装的价格。直白地说，就是在价格的定位上，制定一个让更多的人可以承受得起的价位，从而营造顾客只需花少量的钱就可以解决自己的痛点，满足自己需求的心理暗示。

主播除了可以降低价格，让顾客产生一种超值的消费心理，还可以设置直播的福利，让顾客在心理上有一种买到就是赚到的感觉。一般来说，服装价格太低，可能会让顾客产生一种"便宜没好货"的怀疑，这时主播就可以利用直播设置相关福利优惠来避免这种由价格太低产生的弊端。图 9-8 所示为在直播间设置的直播福利。

图 9-8　在直播间设置的直播福利

9.2　打造痒点：满足虚拟自我，实现用户的梦想

痒点，就是满足虚拟的自我形象。打造痒点，也就是需要主播在推销服装时，帮助顾客塑造心中的虚拟自我，帮助顾客去实现原本不能实现的梦想，满足顾客内心的渴望。

帮助顾客塑造心中的虚拟自我，一直是很多商家、品牌的营销手段。推销化妆品时，商家会强调消费者只要使用这款化妆品，就可以变得更加美丽；推销一款减肥药时，商家一定会帮助消费者去想象自己瘦身成功后的苗条身材，如图 9-9 所示。

化妆品宣传的使用效果   减肥药宣传的使用效果

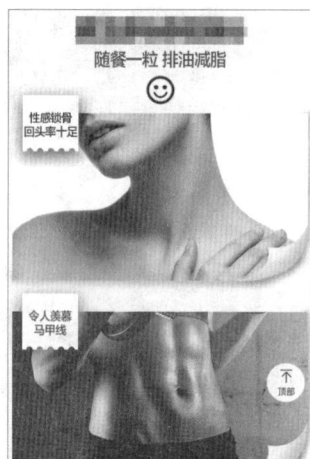

图 9-9 营造使用产品后的效果

通过帮顾客塑造心中的虚拟自我，使顾客产生实现虚拟自我的欲望和行动力，这种欲望会极大地刺激顾客的消费心理，而行动力则会促使顾客产生下单的行为。对很多销售主播来说，其向顾客展示的不是产品，而是一种美好的梦想。

因此，抓住这种心理，主播在推荐服装时，可以向顾客强调，只要穿上这条牛仔裤，就能展示出优美的腿部线条；只要穿上这条碎花裙，就可以使自己的形象焕然一新。图 9-10 所示为品牌向消费者营造的服装穿着效果。

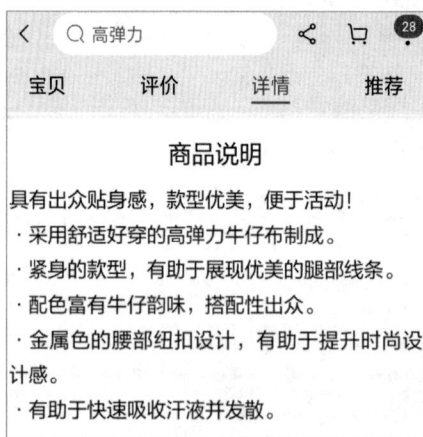

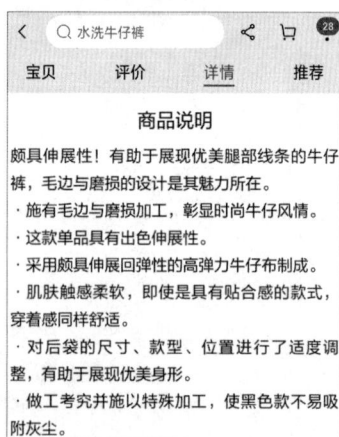

图 9-10 品牌向消费者营造的服装穿着效果

9.2.1 服装产品痒点一：不同的体形怎么穿搭才好看

每一位顾客都希望自己穿的衣服能够展示自己良好的形象，但是在现实生活中，不是每一个人的身材都像模特的身材一样，怎么穿都好看。大部分顾客希望通过服装的搭配，来使自己给别人留下良好印象。

对女性顾客来说，她们有一个强烈的痒点，就是想使自己的形象得到进一步美化。由于顾客的体形各有不同，主播需要学会根据不同顾客的体形，来推荐合适的服装款式和风格。下面介绍 4 种体形的特点和穿搭技巧，从而帮助主播为不同体形的顾客推荐服装。图 9-11 所示为女性的 4 种体形。

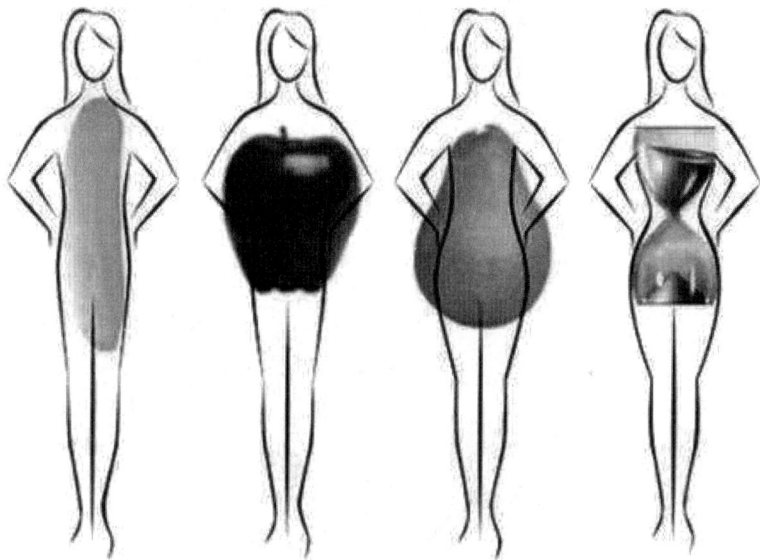

图 9-11　女性的 4 种体形

1. 香蕉形身材

（1）身材特征：骨感身材，比较扁平，身材缺乏曲线。

（2）穿搭技巧：选择宽松的上衣；多穿裤装；半身裙可选百褶裙；叠穿；突出腰线。图 9-12 所示为骨感型身材穿着突出腰线的服装，可以凸显身材比例。

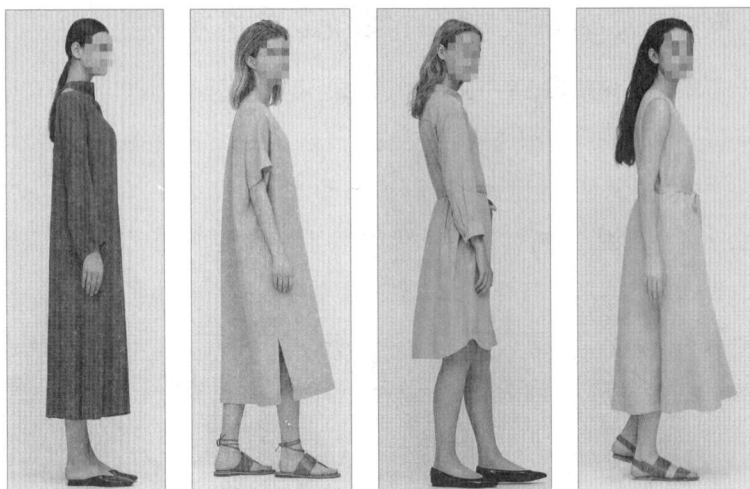

图 9-12　骨感身材的穿搭腰线对比

2. 苹果形身材

（1）身材特征：上半身胖，下半身瘦，表现为肩宽、腰间有赘肉、腿部则比较纤细，给人一种头重脚轻的感觉。

（2）穿搭技巧：选穿 V 领、简洁的上衣；裤装选阔腿裤款型；服装不要有累赘设计，如蕾丝花边等。图 9-13 所示为苹果形身材适合穿搭的上衣、裤装款式。

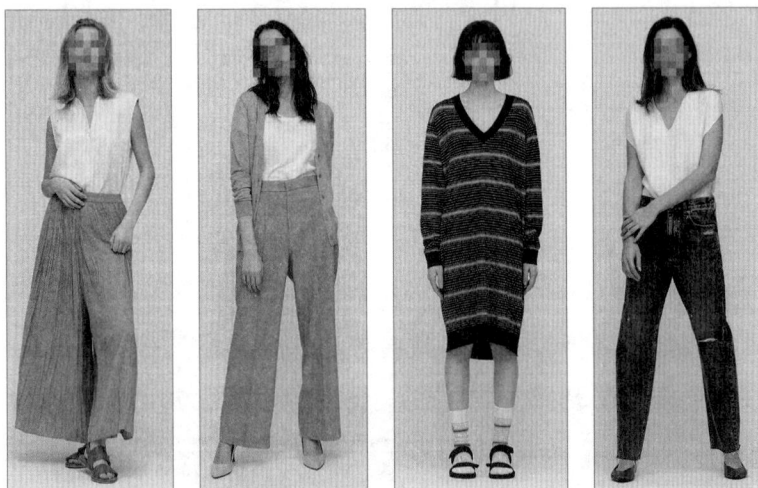

图 9-13　苹果形身材穿搭适合款式

3. 梨形身材

（1）身材特点：肩臀比例不一致，臀部比肩部宽、大腿比较丰满、有腰线。

（2）穿搭技巧：增加肩部宽度；下半身服装款式简洁化；穿及臀的中长外套、A 字裙装。图 9-14 所示为梨形身材适合穿搭的服装款式。

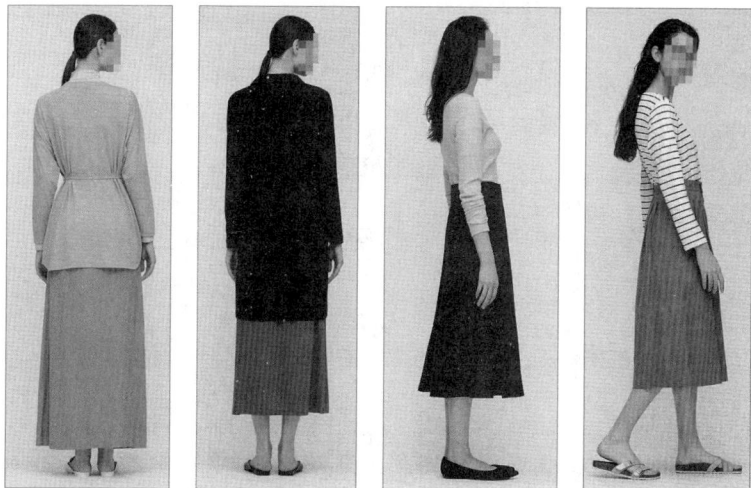

图 9-14　梨形身材穿搭适合款式

4. 沙漏形身材

（1）身材特点：腰肢纤细，前凸后翘，是比较完美的身材。

（2）穿搭技巧：顺应身材曲线、突出腰线；避免穿宽松、有膨胀感的上衣。

9.2.2　服装产品痒点二：怎样利用衣服修饰身材的缺陷

对大部分想购买服装的顾客来说，怎样利用衣服来修饰自己身材的不完美，是其非常关注的一个点。

面对这种情况，主播就可以在介绍、推荐服装时，着重强调服装的修饰作用。让粉丝认为只要穿上了这款服装，就可以修饰自身身材的不完美之处，从而可以隐藏自身身材的不足，美化自身的形象。

例如，对腿部比较胖的粉丝来说，如何让自己不显腿粗，就是她们的痒点，这时主播就可以推荐一些裙装、阔腿裤；如果粉丝的手臂粗，就可以推荐袖部花色少、颜色深的上衣，如图 9-15 所示。

图 9-15　半身裙、阔腿裤、上衣

9.2.3　服装产品痒点三：从产品入手帮消费者树立自信

主播在打造顾客、粉丝痒点的时候，可以考虑从服装改变人物形象、气质等方面入手。在向顾客表达时，强调服装可以改变顾客的形象、帮助顾客树立起自信的功能和作用。

众所周知，现今社会，人们对服装的要求越来越高，服装所能代表的信息也越来越多。在电视剧中，我们常常可以看见平凡的女生，在换上一套漂亮的衣服后，整个人的形象气质顿时发生了翻天覆地的变化，让人眼前一亮的画面。图 9-16 所示为影视作品中，服装改变了角色的形象。

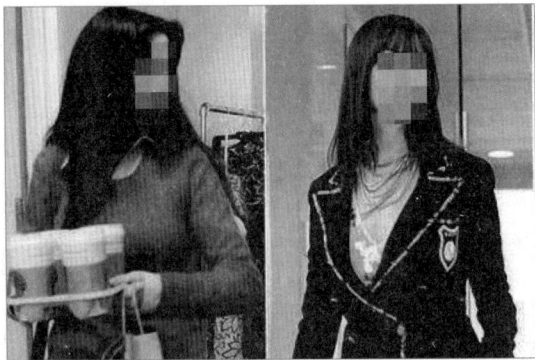

图 9-16　服装可以改变形象、使消费者树立自信

9.3 提供爽点：即时满足用户，这种感觉就是爽

提供爽点，就是满足顾客的需求点。对用户来说，当不爽的事情被及时解决时，用户就容易得到满足，从而产生愉悦和满足的情绪。就像在一个人口渴的时候，给他一杯水，他就会有被满足的愉悦。

对商家来说，想要让产品成功销售出去，就需要站在用户角度来思考产品的价值，这是因为顾客作为一个信息接收者，很难直接发现产品的价值。在这种情况下，就需要商家主动去帮助顾客发现产品的价值。在帮助顾客发现产品的价值的过程中最重要的一件事，就是确保自己的产品能够提供给用户一个爽点。

当顾客的痛点、痒点被找出时，商家和主播已经使顾客产生想要解决痛点、实现痒点的需求，同时为顾客提供了解决的方向，那么下一步就是帮助顾客找出解决问题的办法。主播只要把这个目的展现在销售技巧和肢体语言中，就可以使顾客的情感、判断力产生偏向，使顾客认同其观点。

9.3.1 寻找爽点：给用户带来足够强烈的第一印象

在产品营销中，爽点可以理解成用户第一次发现产品价值，通常是在顾客第一次相信你的产品的时候，也就是用户激活的过程。

对服装直播销售主播来说，顾客第一次进入你的直播间，就会通过观看直播视频来寻找、判断你所展示的商品能否满足其需求。

当顾客通过观看直播发现了自己的痛点，意识到主播所提供的信息对自己来说是有价值、有用的，顾客就会有被提供爽点的需求。

很多时候，能否满足顾客的爽点，决定了顾客是成为直播间的留存用户还是流失用户。当顾客认为可以在你的直播间满足爽点时，就相当于给顾客带来了足够强烈的第一印象。这种强烈的第一印象，可以促使顾客下一次还愿意进入你的直播间。

9.3.2 观察数据：找出能转化关键用户的行为指标

对主播来说，可以通过观察直播间的数据，找到核心粉丝的行为，从而帮助

顾客和粉丝找到其想要的爽点。

首先，主播可以留意在直播过程中，进来观看的观众是否点击了"关注"选项，点击"关注"选项行为就是一个观众转化为关键粉丝的行动指标。当观众点击了"关注"选项，就表示其愿意看到主播直播动态的推送，之后很可能就会成为直播间的留存用户。

然后，商家和主播可以统计、分析留存用户的行为，根据这些行为，帮助顾客找到爽点。

例如，一些顾客在下单前，不知道如何选择适合自己的尺码，于是他们会在屏幕上或者粉丝群里发问。对于这种行为，商家和主播就可以在直播界面列出服装尺码表，解决顾客的问题，满足顾客的需求。图 9-17 所示为在直播界面列出的尺码表。

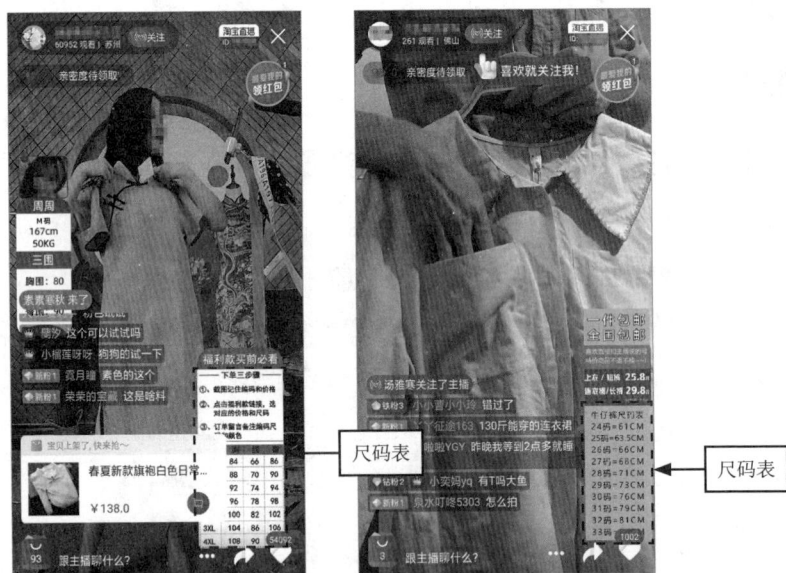

图 9-17　在直播界面列出的尺码表

9.3.3　用户反馈：参考用户反馈验证数据中的结论

当主播通过观察数据得出顾客、粉丝的一些行为指标后，最好能找到活跃粉丝或者留存粉丝，进一步根据自己从数据中得出的结论，来验证它是否符合实际情况，得到反馈信息。这样，当数据显示出某些粉丝行为与留存度之间存在关联时，就可以通过这些粉丝行为来了解、得出关联的原因。

一个产品和服务的反馈渠道应该是多种多样的，只有进行多方面的信息收集，才能够帮助主播在直播过程中，更好地做好相关的工作，同时使主播可以根据反馈信息进一步提升自己的销售技巧，让自己的直播间具备较强的市场竞争力。图 9-18 所示为用户反馈信息分类。

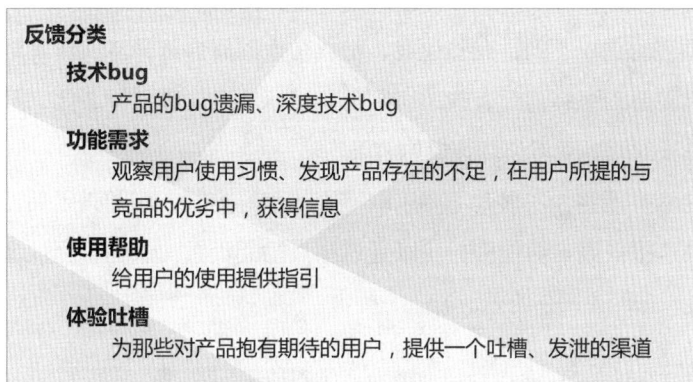

> **反馈分类**
> **技术bug**
>   产品的bug遗漏、深度技术bug
> **功能需求**
>   观察用户使用习惯、发现产品存在的不足，在用户所提的与竞品的优劣中，获得信息
> **使用帮助**
>   给用户的使用提供指引
> **体验吐槽**
>   为那些对产品抱有期待的用户，提供一个吐槽、发泄的渠道

图 9-18 用户反馈信息分类

如果观众和粉丝经常点击直播间的"宝贝回放"功能，就有可能表明，在主播介绍这款服装时，用户没有得到自己想要了解的信息，那么主播就可以酌情考虑是否在介绍服装基本信息时，将语速放慢一点，或者将展示时间放长一点。

此外，主播还可以通过用户反馈得到很多其他细节信息，比如主播在介绍服装时，哪一些服装风格让顾客的下单购买率高？哪一些服装款式无法吸引用户下单？

9.3.4 流失用户：找出用户流失的原因

主播可以对留存粉丝的行为进行分析，从而帮助粉丝得到想要的爽点，但另一方面，主播也可以去了解那些流失用户的行为。

为什么用户进入同一个直播间，有些用户成为了留存粉丝，有用户却选择离开？主播就要了解，是哪些方面导致用户离开的；为什么有用户原本是留存粉丝，后来又成为流失用户？是哪些方面导致这种情况的发生？

找到流失用户流失的原因，主播才能有针对性地去解决此问题，改善这种状况，从而可以更好地吸引粉丝、留住粉丝，避免更多粉丝的流失。

9.3.5 触达方式: 让"爽点"触达更多的用户群体

当主播找到用户的爽点之后，可以利用多种渠道，让已经找到的爽点去触达更多的用户群体，以此吸引更多的粉丝。除此之外，也可以在不同的消费群体中扩大主播自身的影响力。

每个顾客的需求不同，有些顾客、粉丝在直播间会选择从头看到尾这种方式来挑选自己需要的服装，而有些顾客则是有目标地进入直播间，他们不会有时间或者耐心去长时间地观看整场直播内容。

针对这两类顾客，主播就需要采取不同的引导方式。想要满足后者的需求，主播需要快速提供爽点给他们，可以通过在直播间设置"快速看回放宝贝讲解"功能来实现，如图 9-19 所示。

图 9-19　在直播间设置"快速看回放宝贝讲解"功能

当主播触达更多的用户群体，满足顾客、粉丝的不同爽点需求后，自然可以提高直播间商品的转化率，成为服装直播带货高手。

第 10 章

直播技巧：打造属于你
自己的专属带货王牌

主播在直播过程中，最需要的就是和粉丝进行互动和沟通，吸引粉丝目光、获取粉丝流量，从而使商品可以销售出去，提高自己的带货率。本章将介绍如何掌握带货技巧和沟通技巧、做好直播间的开播准备以及快速获得流量、提高产品销量，帮助主播拥有属于自己的带货王牌技能。

10.1 带货技巧：服装直播的销售技巧和沟通技巧

主播在服装销售过程中，除了要把服装很好地展示给顾客，还要掌握一些服装销售技巧和沟通技巧，这样才可以更好地进行商品的推销，提高主播自身的带货能力，从而让主播的商业价值得到增值。

由于每一个顾客的消费心理和消费关注点的不同在面对合适、有需求的商品时，仍然会由于各种细节因素，导致最后没有采取实际的下单行为。

面对这种情况，主播就需要借助一定的销售技巧和话语来突破顾客的最后心理防线，促使顾客完成下单行为。本节将介绍几种服装销售技巧和沟通技巧，帮助主播提升带货技巧，创造直播间的高销量。

10.1.1 介绍法：直接表明商品优势

介绍法是介于提示法和演示法之间的一种方法。主播在直播间直播时，可以用一些生动形象、有画面感的话语来介绍服装，达到劝说消费者购买产品的目的。介绍法的 3 种操作方式，如图 10-1 所示。

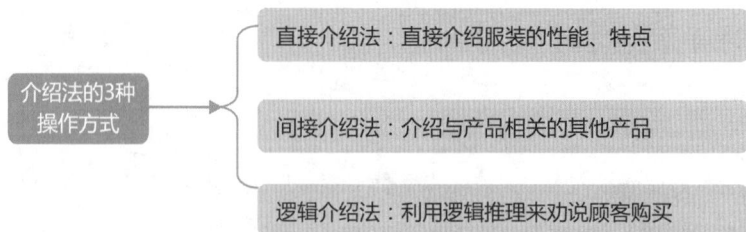

图 10-1　介绍法的 3 种操作方式

1. 直接介绍法

直接介绍法是销售工作人员直接向顾客介绍、讲述产品的优势和特色，从而使消费者购买的一种方法。这种推销方法的优势就是非常节约时间，直接让顾客了解产品的优势，省却不必要的询问过程。

例如，这款服饰的材质非常轻薄、贴身，适合夏季穿着，直接介绍服装的优点，提出服装的材质特点，或者在直播间标明服装可以用消费券购买，吸引顾客购买。图 10-2 所示为在直播间标注的门槛代金券和直播分享券。

图 10-2　在直播间标注的门槛代金券和直播分享券

2. 间接介绍法

间接介绍法是向顾客介绍与产品本身相关、密切的其他事物来间接介绍产品本身。例如，如果主播想向观众介绍服装的质量，不直接介绍服装的质量，而是通过介绍服装的做工、面料来表明服装的质量过硬，值得购买。图 10-3 所示为主播向粉丝介绍服装的做工、面料。

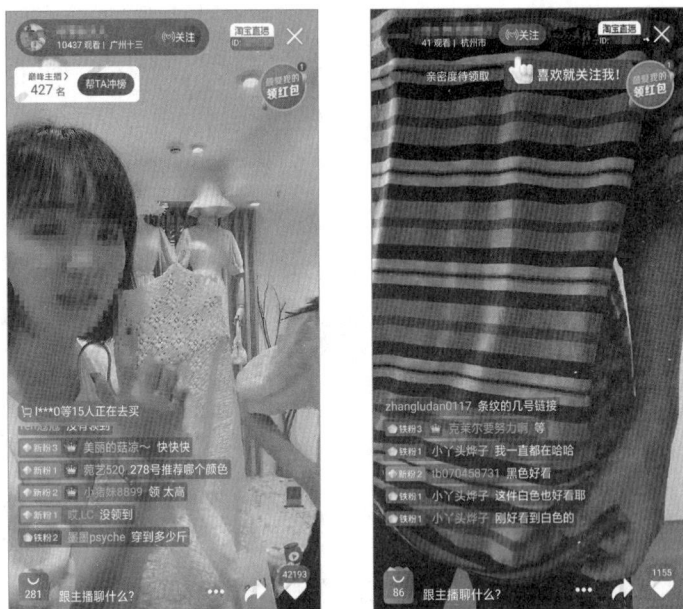

图 10-3　主播向粉丝介绍服装的做工、面料

3. 逻辑介绍法

逻辑介绍法是销售工作人员采取逻辑推理的方式，来使顾客购买产品的一种推销方法。这也是线下服装销售中一种常用的推销手法。

主播在进行服装推销时，可以向顾客说"用几杯奶茶钱就可以买到一件美美的服装，你肯定会喜欢"，这就是一种较为典型的推理介绍，表现为以理服人、顺理成章，说服力很强。

10.1.2　赞美法：称赞促使顾客下单

赞美法是一种常见的推销话术，这是因为每一个人都喜欢被人称赞，喜欢得到他人的赞美。在这种赞美的情景之下，被赞美的人很容易情绪愉悦，从而在这种心情的引导下完成购买行为。

三明治赞美法属于赞美法中比较被人推崇的一种表达方法，其表达方式是，首先根据对方的表现来称赞其优点，然后提出希望对方改变的不足之处，最后重新肯定对方的整体表现。通俗的意思是：先褒奖，再说实情，最后肯定对方的表现。

图 10-4 所示为三明治赞美法的同理心表达公式。

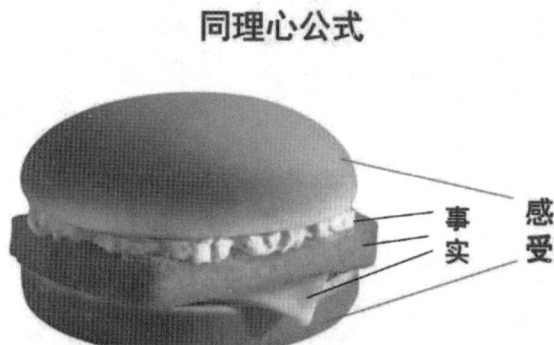

图 10-4　三明治赞美法的同理心表达公式

　　在主播销售过程中，主播可以通过三明治赞美法来进行服装销售。例如，当粉丝担心自己的身材不适合某条裙子时，主播就可以对粉丝说："这条裙子不挑人，大家都可以穿，虽然这款裙子的版型有点不适合你，但是这款裙子的风格非常适合你，不如尝试一下。"

10.1.3　强调法：重要的话要说三遍

　　强调法，就是需要不断地向顾客强调某款产品多么好，多么地适合粉丝，类似于"重要的话说三遍"这个意思。

　　当主播想大力推荐一款服装产品时，就可以不断地强调这款服饰的特点，以此营造一种热烈的氛围，在这种氛围下，粉丝很容易跟随这种情绪，不由自主地就会下单。图 10-5 所示为主播李佳琦在直播间最常用的经典强调语：买它！买它！买它！

图 10-5　主播李佳琦的强调法推销

10.1.4　示范法: 创造真实场景模式

示范法也叫示范推销法，就是要求主播代替消费者去看、摸、闻其推销的产品，从而激起顾客的购买欲望。

由于直播销售的局限性，使得顾客无法亲自看到产品，这时就可以让主播代替消费者来对服装进行了解。对粉丝来说，由于服装主播一般比较了解服装的风格和款式，由主播代替自己来了解服装，粉丝也会更加放心。图 10-6 所示为示范法的操作方法。

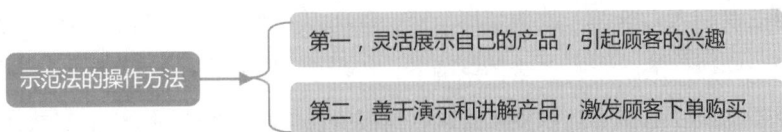

示范法的操作方法 ── 第一，灵活展示自己的产品，引起顾客的兴趣

第二，善于演示和讲解产品，激发顾客下单购买

图 10-6　示范法的操作方法

1. 灵活展示自己的产品

示范法是一种日常生活中常见的推销方法，其中涉及的方法和内容较复杂，

因为不管是商品陈列摆放、当场演示，还是进行商品的试用、试穿、试吃等，都可以称之为示范推销法。

示范法的主要目的就是让消费者达到一种亲身感受产品优势的效果，同时通过把商品的优势尽可能地全部展示出来，来引起顾客的兴趣。

现在的店铺都会选择这种方式，对服装的各部位细节进行拍摄，尽可能地把服装拍摄得美美的，从而提升产品的品质感官。图 10-7 所示为商家拍摄的服装细节展示图。

图 10-7　商家拍摄的服装细节展示图

2. 善于演示和讲解产品

对销售人员来说，善于演示和讲解产品非常重要，毕竟说再多，不如让顾客亲自试用商品，就像出售床上用品的商家一样，会创造一个睡眠环境，让顾客在床上试睡。

直播这种线上销售方式，无法使顾客通过亲自试穿服装，来了解服装产品。这时，主播就可以在直播过程中，自己穿上服装，通过镜头灵活地展现产品的款式和穿着效果，如图 10-8 所示。

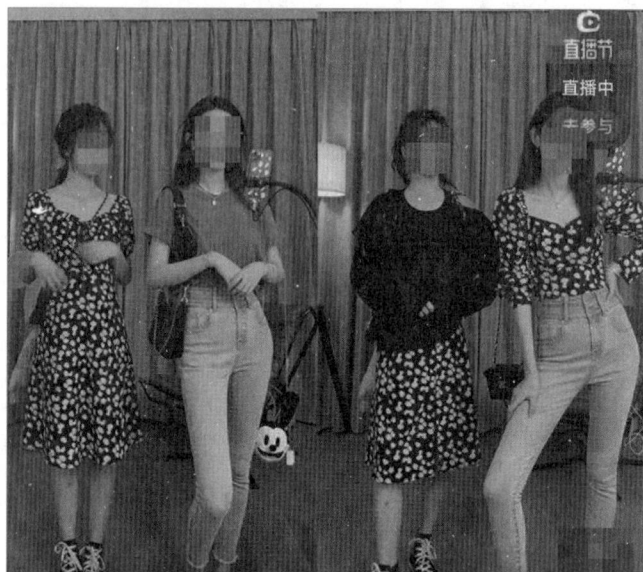

图 10-8　主播在镜头前展示服装的穿着效果

10.1.5　限时法：直接消除顾客犹豫的心理

限时法是直接告诉消费者，现在在举行某项优惠活动，该活动到哪天截止，在该活动期，顾客能够得到的利益是什么。此外，提醒消费者，在活动期结束后，再想购买，就会花费不必要的经济支出。

"亲，这款服装，我们今天做优惠降价活动，今天就是最后一天了，你还不考虑入手一件吗？过了今天，价格就会回到原价位，和现在的价位相比，足足多了几百元！如果你想购买这款服装，必须尽快做决定哦，机不可失，时不再来。"

利用这种推销方法，会让顾客有一种错过这次活动，之后再买就亏大了的想法，同时通过最后的期限，能使顾客有一种心理紧迫感。

主播在直播间向顾客、粉丝推荐时，就可以积极运用这种手法，使其有一种紧迫感，也可以在直播界面显示文字来提醒顾客。图 10-9 所示为直播间限时法的展示。

图 10-9　直播间限时法的展示

10.2　直播开展：做好直播开播前的脚本策划

在现在的服装直播销售行业，需要向观众、粉丝进行商品展示，同时还需要联络商家和粉丝，尤其是现在主播的直播时间已经迅速增长。

这一系列的衔接和服装销售工作都需要主播在镜头前向观众、粉丝展示。为了填充整个直播内容，同时让主播的工作流程顺利、自然地进行下去，机构和主播就需要对直播的脚本进行策划。

直播脚本可以让主播和工作人员提前规划好直播所需要进行和处理的一系列事情，可以帮助主播有目的、有重点地进行商品的推广工作。

设置直播脚本，可以让主播和工作人员提前进行直播演习，让每个人都明白自己的岗位和需要处理的事情，以保证正式直播时可以顺利地进行下去。图 10-10 所示为主播和各工作人员进行直播前的任务熟悉和练习。

图 10-10　主播和各工作人员进行直播前的任务熟悉和练习

设置直播脚本，可以让整场直播有序地进行，尤其对服装主播来说，开播前，整理好自己的直播脚本，并且让自己在开播前熟悉服装脚本是非常重要的。

主播只有让自己的直播有清晰的流程，才不会使自己在直播时思路紊乱，才可以更好地引导客户下单，提高自己的带货率。图 10-11 所示为某新品服装直播的脚本设计。

新品单品直播实例（以服装为例）			
直播流程	直播内容	沟通技巧建议	
1. 明确买家	①直播目的是招募分销商 ②主要买家是批发商、淘宝掌柜	明确目的，明确买家，是自用还是招募代理	找到痛点
2. 需求引导	①产品好卖走量 ②产品有利润	卖货强调就产品优势，体现主播专业性；招募供应商，体现供货稳定，产品好，热销	
3. 产品讲解	①款式介绍 ②规格、面料、成分的详解说明 ③核心优势点，材料强，透气性强	由表有及里，分步骤描述：包装、规格、色彩、触感、特性，以及使用时的感觉等	
4. 场景还原	①运动流汗，透气性强 ②夏天穿着舒服凉爽…… ③对健身有要求的人群 ④适合出街，好看街拍	联想产品在销售热卖时的场景，用生动地语言描述出来，与客户产生共鸣	产品展示
5. 卖点展示	①新款：明星同款新款 ②好卖：淘宝销量高 ③品质好，透气性强，实验对比	没有模特搭配，拿 iPad，把明星穿着图和淘宝热销产品的截图一起展示 热水实验，拿其他产品对比实验	
6. 深挖优势	①老店 ②三项指标评分高于同行业 ③源头厂货，供货稳定；检测标准高，品质好 ④分销商回购量大，好评多	熟知店铺规则，扬长避短，讲解店铺优势 选择 1～2 个最突出、最能打动人的产品优势进行深度讲述 复述客户对本产品的好评	提升高度
7. 直播优惠	如果招募供应商，直播间拿政策优惠力度大	为了达到这个目的，要付出什么	降低门槛
8. 限时限量	①限时抢购（某一整点进行活动） ②限量优惠（只有有限的数量可以提供）	用坚定的语言让粉丝感受到产品的稀缺，促成交易的达成	

图 10-11　某新品服装直播的脚本设计

　　除此之外，直播脚本还可以帮助主播在面对突如其来的粉丝提问，一时手忙脚乱不知道如何进行下一步时，快速地找回自己的重心；在拿到一件新的服装，不知道如何介绍，找不出卖点时，不慌不忙地进行卖点传递；当遇到黑粉无端在直播间进行挑刺、攻击自己时，联络场控及时清理，等等。通过直播脚本的制定可以解决很多问题。

　　由此可知，如果没有直播脚本，那么在直播过程中出现上述问题，主播没有及时进行处理时，直播间就会给观众一种粗糙的感觉。要知道，在直播过程中，如果没有合理的危机应对方式，就会很容易导致主播手忙脚乱，一旦打断了直播流程和思路，将导致主播的带货率变差。

10.2.1　脚本内容：掌握脚本的新知识

　　主播要想拥有一份完善、完美的直播脚本来使自己的销售直播顺利地进行，首先就要了解直播脚本涉及哪些方面或者有什么具体要求。下面介绍有关直播脚本的信息，帮助读者更好地了解直播脚本。

　　首先，在进行服装脚本策划前，读者要明白，直播脚本包括直播主题（话题）和直播目的两个方向的。当然，进行直播主题和直播目的的规划都是为了让主播顺利地进行直播工作。

　　主播可以进一步了解直播主题和直播目的所涉及的内容，从而帮助自己更好地理解直播脚本内容。图 10-12 所示为直播主题和直播目的所涉及的指标内容。

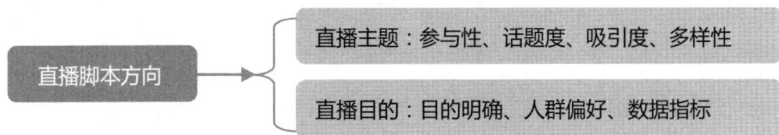

图 10-12　直播主题和直播目的所涉及的指标内容

1. 直播主题（话题）

　　直播主题要尽量选择观众参与度高的，此外主题最好拥有一定的话题度，让主播在日常直播的过程中，能够穿插进不同的话题和粉丝进行讨论和互动；吸引度是指主题必须能够吸引顾客、粉丝的注意力；多样性则需要主播在设置分享话题时，采取不同的表达方式。图 10-13 所示为在直播间设置的活动主题。

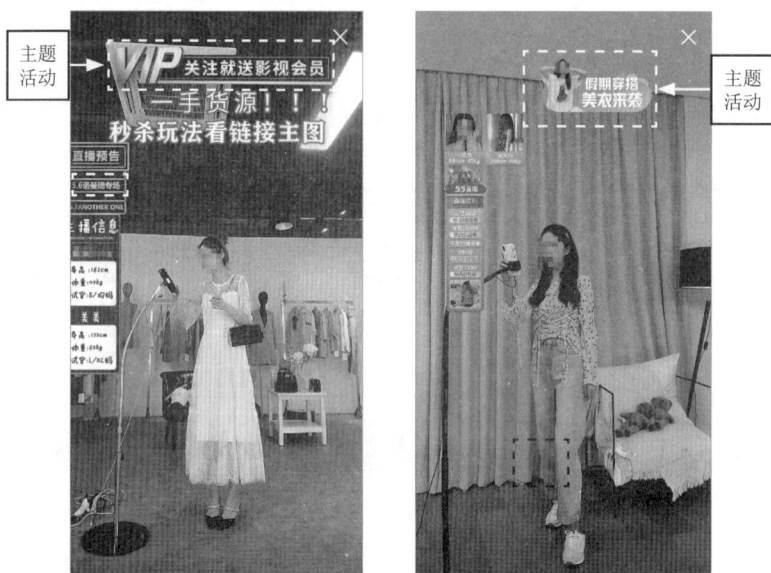

图 10-13　在直播间设置的主题活动

2. 直播目的

目的明确就是让工作人员和主播在开播前清楚地知道这场直播是为了什么。例如，直播目的是新客福利还是周年庆清仓。图 10-14 所示为在直播间标注的周年庆和节日活动。

人群偏好则是要主播去了解自己受众群体是哪一类型的人，这样就可以在设置直播间活动的时候，在内容选择上偏向他们最关注、最在乎的一面。

比如，如果主播的粉丝人群是二十岁左右的年轻女性，那么主播在做粉丝福利的时候，就应该选择该年龄层更加能接受的口红、香水等产品，这样才能引起粉丝的关注。

数据指标，也就是主播可以通过对直播的点击观看人数、互动率等数据指标进行分析，来确定这场直播做得是否优秀。

图 10-14 在直播间标注的周年庆和节日活动

10.2.2 脚本策划：用活动吸引粉丝兴趣

当机构和主播确定好直播脚本的方向后，为了使整场直播更好地进行，就需要制定出清晰而明确的活动策划方案。

这样能够让工作人员对活动方案有一个明确的认知，以及判断它的可操作性，同时，通过活动策划方案的制订，能够让所有参与直播地工作人员清楚地了解活动策划的类型、要点以及产品的卖点、直播间地节奏，从而更好地让工作人员进行直播销售工作。

1．活动策划要点

脚本策划人员在制作脚本的时候，可以根据实际情况，考虑一次制作完一周的直播间脚本策划。这种频率既便于主播、工作人员进行时间安排，同时也能使一周的直播任务上下衔接清楚。如果临时做脚本策划，就会有很多事情无法考虑周全。

除此之外，在做直播脚本的时候，可以把活动策划的点细分到主播在直播间的每个时间段，如图 10-15 所示。这样可以避免主播在直播时对服装的展示、介绍速度过快，导致整个直播节奏被打乱，以及忽略与粉丝的沟通和互动。

时间点	直播模块	模块说明	福利发放	互动说明
20:00～20:10	与粉丝日常交流	寒暄&日常答疑	关注红包3个	欢迎+点爱心+邀请关注
20:10～20:40	新品介绍	全方位展示商品	/	鼓励粉丝转发直播
20:40～21:00	限时特价活动	活动介绍买二送一	店铺优惠券/抽奖送礼	福利领取指导

图 10-15　脚本策划中具体时间段的策划

2. 活动策划类型

活动策划的类型有如下两种：

（1）通用、基础活动

通用、基础活动力度属于中等程度，主播可以单日或长期重复使用结合，活动形式如新人关注专项礼物、抢红包雨、开播福利、下播福利等。图 10-16 所示为在直播间设置的新人关注专项礼物。

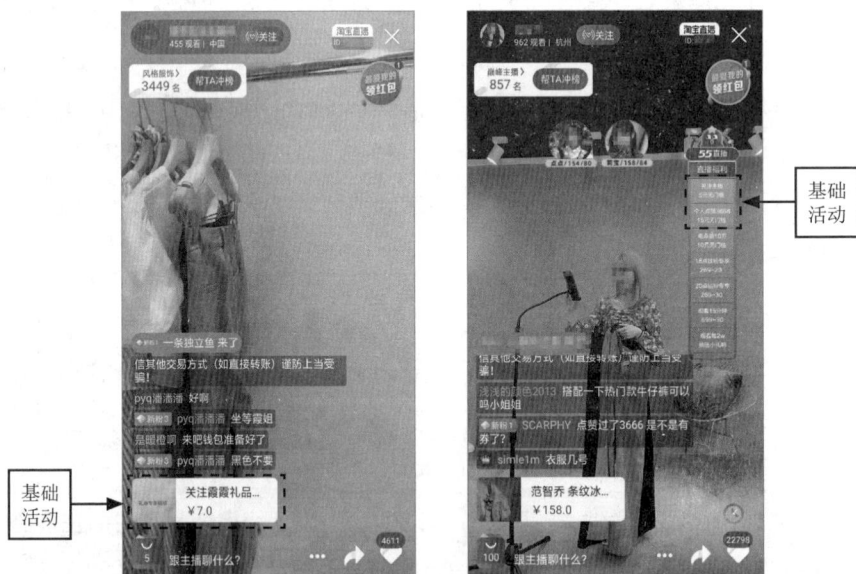

图 10-16　在直播间设置的新人关注专项礼物

在直播中，不同的时间段有何种通用活动，都需要在脚本中明确好，这样主播才可以从容地对观众、粉丝进行引导，达到增长观众、粉丝停留的时间的目的，从而提高直播间的流量。

（2）专享活动

专享活动力度比较大，可以设置成定期活动，比如主播固定进行每周1元秒杀、周二拍卖或进行其他类型的主题活动。

这种大力度的周期活动不要求每天都进行，但活动力度一定要大，这样才可以提高观众、粉丝的参与度，活动的数量则可以根据当日直播间的在线人数来确定。同时，由于这种活动的吸引力度很大，可以促使观众记住这个直播间。图 10-17 所示为直播间的专享秒杀活动。

图 10-17　直播间的专享活动

3. 产品卖点和节奏

直播间的商品可以分为爆款、新品、常规、清仓等几种类型。主播需要对不同类型的商品进行要点提炼，同时，要在直播脚本中安排固定的时间段来推荐商品和讲解商品，这些都需要注意。图 11-18 所示为新品和清仓两种商品类型。

清仓商品类型

新品商品类型

图 10-18　商品类型

同时，由于服装流行的款式、风格一直在不断变化，需要主播不断地补充相关的服装知识，只有这样主播才可以更快地了解新产品。主播如果在开播前没有熟悉直播流程和商品信息，那么在直播间就容易处于一种尴尬冷场的局面，也就失去了直播过程中该有的商品推荐、销售的节奏。

10.3　流量获取：直播间数据增长的多重维度

直播数据，可以分为直播间访问次数和直播间访问人数这两个关键数据指标。想让直播间数据得到增长，就需要让更多观众、粉丝来访问自己的直播间。想获得观众、粉丝的点击和观看，就看自己的直播间能不能吸引他们。

直播间的数据能不能增长，其实与多重维度有关，要想获得不错的直播间数据，可以通过如下两个途径来实现。

第一类：直播频道流量。预告商品、开播地点、标签、封面、标题、开播时间、开播时长等项目可以在直播前就设置好。图 10-19 所示为直播开播时向观众所展示的直播封面、预告商品、开播地点、标签、标题等项目信息。

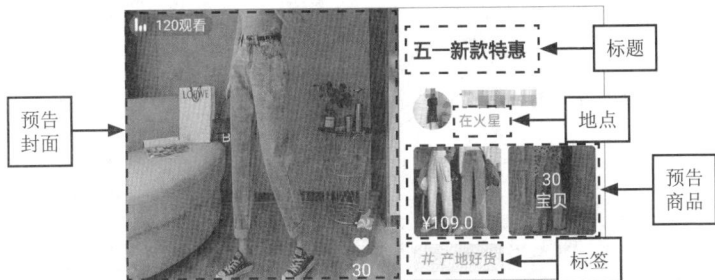

图 10-19　直播频道流量获取的相关项目

第二类：直播间浮现权重。粉丝回访、关注、互动、分享、宝贝点击、加购、点赞等项目需要主播在直播中对粉丝进行引导来完成，为此很多主播会在直播界面引导粉丝来关注，如图 10-20 所示。

图 10-20　主播引导观众关注自己

此外，当主播想做直播间数据分析时，累计观看人数是一个非常重要的数据，这个数据就显示在直播间的左上角。图 10-21 所示为直播间的累计观看人数。

图 10-21　直播间的累计观看人数

观众在进入直播间后，如果看到该直播间的观看人数比较少，就会下意识地认为该直播间没有吸引人的地方，然后直接走掉。

这种现象会严重影响直播间的粉丝停留时长数据，而这个数据会影响直播间是否获得浮现权，所以主播在直播过程中一定要做好这个数据。

10.3.1　保持高频固定时段的开播节奏

主播想要持续获得粉丝流量，从而提高自己主播间的数据，非常关键的一点就是要保持高频固定时段的开播节奏。

比如粉丝观看某位主播的直播间已经形成了习惯，当粉丝在固定的时间段来观看直播却发现主播并没有进行直播时，就会觉得失望。一旦这种现象频繁出现，很可能导致主播开播了，粉丝却没有再点进去观看的念头。

同时，由于现在开播的直播间越来越多，观众的选择也就越来越多，一旦主播没有保持高频率的直播节奏，很可能就会失去自己的粉丝。

所以现在，不管是顶级的主播，如李佳琦、薇娅、烈儿宝贝等，还是刚步入直播行业的新人主播，都会保持高频率的直播开播节奏。

10.3.2 使用智能工具快速响应粉丝

智能回复有如下 3 种常用的类型：第一种是粉丝输入关键词到直播界面就可以得到自动回复的内容；第二种是粉丝进入直播间后，会自动邀请粉丝关注自己；第三种是主播被粉丝关注后对粉丝自动回复感谢。设置智能回复，目的是使主播能够及时与粉丝进行互动和沟通，也方便粉丝获取所需要的信息。

在进行服装直播销售时，主播在直播间回复的内容有如下 3 种常见类型。

（1）主播信息回复：主要是向观众、粉丝回复主播身高、体重等信息。顾客在购买服装前，会向主播询问其身高、体重，以此作为自己穿着尺码的参考。而现在更多的主播直接把这类信息显示在直播界面，如图 10-22 所示。

（2）商品信息回复：当主播开始展示下一件服装商品时，如果有粉丝想再了解主播前面试穿的服装资讯，就可以回复他们去点击直播界面左下角的"宝贝口袋"，或者点击"快速看回放宝贝讲解"，如图 10-23 所示。

图 10-22　直播间主播个人信息

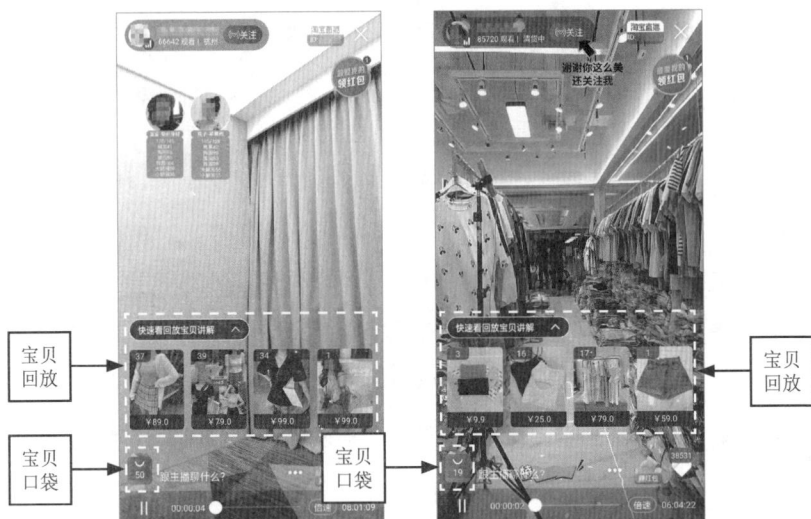

图 10-23　快速看回放宝贝讲解

（3）优惠信息回复：主播可在个人资料里的直播优惠项中填写相关的优惠内容。这样在用户问及优惠信息的时候，即使主播有事离开直播间，或者忙于服装展示，也可以把信息自动回复给粉丝。图 10-24 所示为主播回复粉丝相关优惠的信息。

图 10-24　优惠信息回复

10.3.3 直播看点加强宝贝的关联性

直播看点功能，能够准确定位到主播讲解过的某款服装，顾客可以在直播中使用看点功能，也可以在观看直播回放内容中使用该工能。直播看点功能可以扩大直播间商品直播内容的可使用场景，也能加强商品和直播间的关联性。

直播看点功能能够帮助主播提高商品的下单成交效率；观众则可以在直播过程中，根据自己的喜好，随意切换直播间指定的商品讲解片段，提升观看体验。

10.3.4 了解和掌握不同平台的规则

如果主播想使自己直播间的数据得到提升，获得流量，那么可以积极尝试不同的方式来获得流量。

例如，私域冷启动拉新就有站外拉新和站内拉新两种方式，其他还有粉丝沉淀、粉丝召回、商业化引流等多种方式，但是想高效地获得流量，就需要主播了解和掌握这些不同平台的运营规则。

现在的引流途径多种多样，每一个平台的规则都不一样，如果不加以注意，容易使自己的账号权重受到伤害，得不偿失。

10.3.5 分享主播资源，沉淀新粉丝

守护主播是鼓励粉丝对所关注的主播在其他社交媒体进行主播分享，从而使主播被更多人关注和了解，达到吸粉和固粉的目的，这是一种创新方式，也可以提高主播直播间商品的成交率。

守护计划中的主播，可以得到直播频道和直播 App 首页活动的入口形象曝光和展示自己的机会，这样就可以获得更多的新粉以及更高的成交率。下面简单介绍守护主播的活动玩法。

（1）活动入口：守护主播入口和守护者页面，如图 10-25 所示。

图 10-25 "守护主播"入口和守护者页面

（2）活动玩法：具体流程如图 10-26 所示。

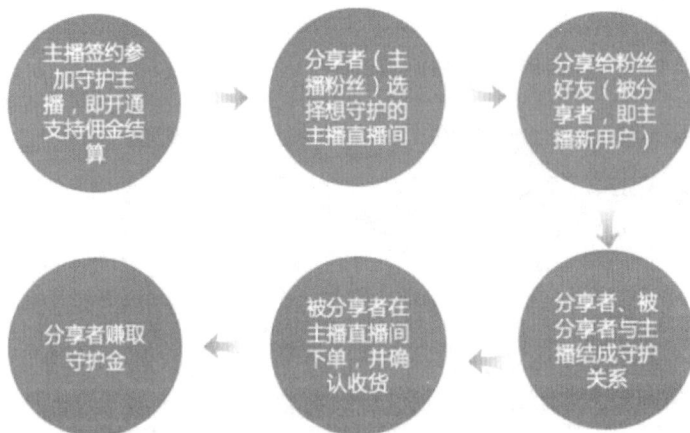

图 10-26 守护主播活动玩法

10.4　提高销量：把控服装直播时的节奏

对直播行业来说，把控直播时的节奏，一般会由专业的工作人员来处理，他们的名字就是"场控"。什么是场控？从字面意思上理解就是起"控制场面"的作用，对现在的直播间行业来说，它的作用已经不容忽视。

一般来说，直播间的场控，大部分由机构的直播运营和助理来进行。目前，直播场控角色已经慢慢演变成一种专业化的职业。

直播场控的重要性在不断提升，部分主播在早期的直播销售过程中，由于业务不太熟练，所以直播间的销量，有一半可能是由场控创造的。

在直播带货的早期阶段，场控这个角色并没有被重视。实际上，一个出色的场控可能比主播还会带动直播间的节奏，更可以刺激观众、粉丝。场控从最开始直播行业的边缘角色，已经变成直播间不可或缺的角色。图 10-27 所示为主播和他的直播场控。

图 10-27　主播和他的直播场控

10.4.1　直播场控：让直播间锦上添花

对现在的直播行业来说，场控的角色可以让直播间锦上添花，甚至会成为提高直播成交额的重要因素。下面将对场控进行详细讲解。

1. 直播场控的作用

直播场控主要有如下几种作用：

（1）气氛担当

一般来说，气氛够活跃的直播间，粉丝停留时间相对也会较长，由此，直播间交易数量也会跟着增长。当主播不太擅长调控直播间气氛时，就可以选一位场控，在直播过程中协助主播，对直播间的气氛进行调控。

（2）短板补充

直播行业的主播从业人员大幅度增多，而其中大部分主播属于半路出家，并不具备扎实的主播直播专业知识或者电商方面的基础，如撰写脚本、了解品牌的诉求等。

因此，主播在直播间就很容易出现难以回复粉丝提出的有关商品问题的情况，这时就需要场控进行补充，配合主播完成商品销售。

尤其对于商品价格问题，场控可以唱白脸，说价格不能再降，主播唱红脸，说价格一定要再降下一些，实在不能降，包邮总要有的。这样，对想购买商品的顾客和粉丝来说，就会对主播所说的价位有较高的信服度。

（3）成交量的保证

虽然在现在的直播销售行业中，主播是核心的角色，但是有时单凭主播自己一个人的力量很难在长时间的直播过程中调控好全程的节奏，这时就很容易出现销售额不稳定的现象。

此外，即使有脚本，也会出现一些突发的意外情况，主播不能保证自己的状态一直在线。这时，作为一名优秀的场控就必须随时通过对商品库存的补充、价格的把控、福利的发放等方式来保障直播顺利进行。

2. 直播场控的要求

要想成为一名合格的场控，一般来说，需要满足如下要求。

（1）没有形象包袱：场控应该明确自己是一个配合的角色，不能太过张扬，完全盖了主播的风头，应该明白各司其职的道理，同时必要时要全力配合主播进行直播销售工作。图 10-28 所示为场控人员协助主播进行销售工作。

图 10-28　场控人员协助主播进行销售工作

（2）懂货：从货品深度（同一类产品具有不同类型、规格）到产品的认识广度（商品本身能影响的范围大小）都要有基本的了解。

（3）套路多变、思维活跃：在直播间，由于玩法和内容的重要性，不仅主播要灵活，场控也要随机应变，思路活跃，能够应对突发的情况。

3. 直播场控的类型

场控的类型多种多样，在现在的服装直播销售中一般有如下 5 种场控类型。

（1）"商家式"场控

"今天商家亲临现场，主播一定给大家杀最低价"，通过一定的语言描述，制造一种主播在线真实砍价的氛围，使顾客、粉丝认为自己占了便宜，而主播则为大家要了一个最优惠的价格。图 10-29 所示为"商家式"场控。

（2）"运营式"场控

"运营式"场控比较常规一点，会定时组织直播间活动，如红包、秒杀热场等，以配合主播的直播节奏。

不会主动出现在直播间的镜头内，不会自我加戏，但是会在适当的时候热场，这种"运营式"场控是现在大部分直播间采取的模式。图10-30所示为"运营式"场控。

图10-29   "商家式"场控

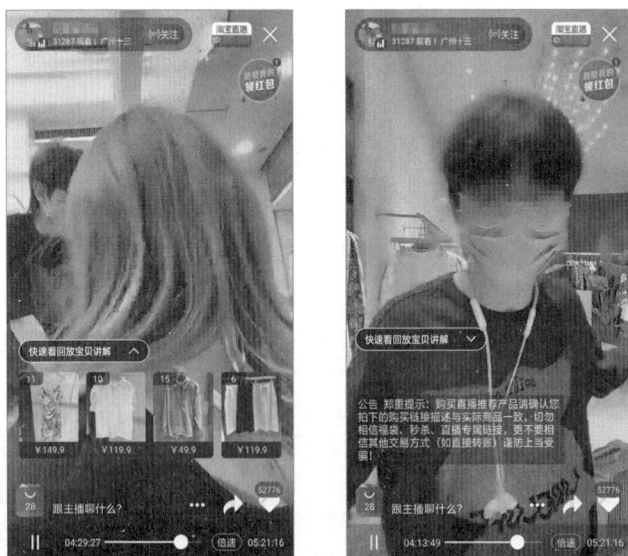

图10-30   "运营式"场控

（3）"设计师"场控

有些服装销售直播为了更好地讲解服装设计理念和展现服装的艺术感，就会请服装设计师来进行场控，或者请专业的服装搭配师来进行直播间场控。

这种场控类型，会给顾客、粉丝一种专业性呈现，提高他们对商品的信服度，除此之外还增加品牌、服装的设计感，提升档次。图 10-31 所示为服装搭配师和粉丝进行直播互动。

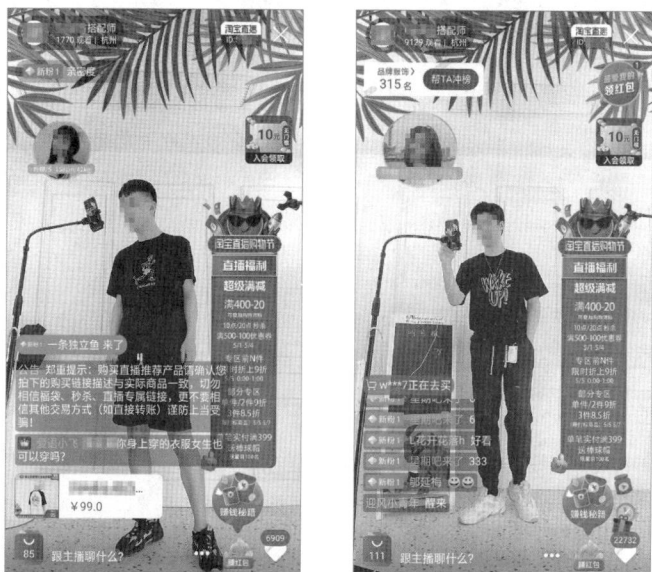

图 10-31　服装搭配师和粉丝进行直播互动

（4）"家族式"场控

顾名思义，"家族式"场控就是主播自己的家庭成员来协助自己进行直播工作，充当自己的场控，主播与自己熟悉的家庭成员，彼此之间有一定的默契，更容易相互配合，也不会出现尬场的情况。图 10-32 所示为"家族式"场控。

图 10-32　"家族式"场控

（5）"老板娘"场控

老板娘这一身份就表明了该角色对货品的了解更加全面，在销售服装时，对顾客提出的需求，可以更加快速、准确地去理解，自然就可以提高观众对商品的信服度。图 10-33 所示为"老板娘"场控。

图 10-33　"老板娘"场控

10.4.2 直播气氛：带动观众，融洽粉丝

对新手主播来说，在最开始做直播的时候，往往出现一时不知道讲什么，没弹幕、无人互动，肢体表现欠佳、面无表情，只是格式化展示产品等情况。图 10-34 所示为直播时，主播肢体表现欠佳、表情管理不到位。

图 10-34　直播时主播肢体表现欠佳、表情管理不到位

这些情况的出现，主要是由于主播，尤其是新人主播，对直播间的流程掌握不够，缺乏直播的经验。从事了一段时间的主播，如果仍然出现这种状况，那么有可能是因为粉丝人数太少，主播没有活力进行直播销售。

为了避免由于粉丝人数稀少而使主播出现无精打采、尴尬等情况，需要提高直播间的粉丝吸引度，主播可以通过自娱自乐的方式实现。在直播间，新主播一定要学会自娱自乐，假如主播自己都没有一个好的状态，那么粉丝的参与度很难提升。主播可以通过和粉丝互动来改善这种情况。下面介绍几种常见的互动表达方式。

1. 丰富的肢体语言

人的肢体语言可以直接表达出自己的心情。做出一些可爱的、有趣的肢体动

作，可以更好地传递主播在销售过程中的心情状态，有时一个随意举动，就能激发粉丝的好感，也可以打造自己的特色，获得粉丝的支持。

在直播过程中，主播还可以通过丰富的表情和肢体语言，来感染粉丝的情绪，带动粉丝积极回应。图 10-35 所示为主播在直播间通过丰富的肢体语言展示来吸引粉丝。

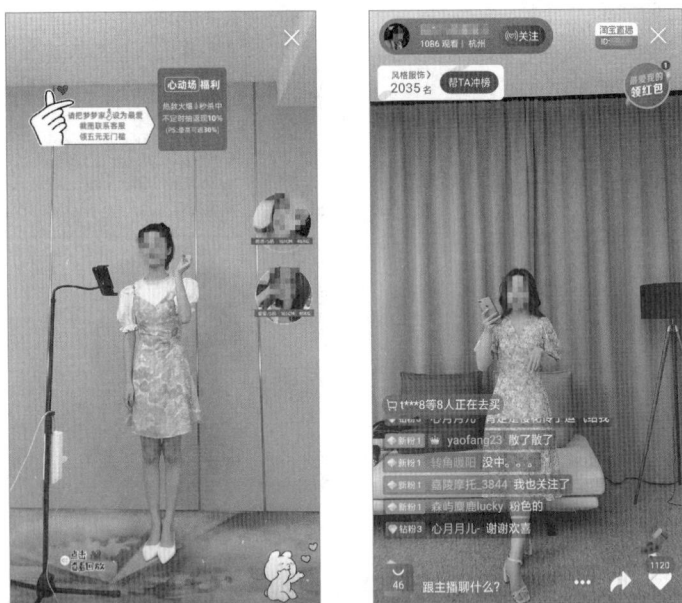

图 10-35　主播在直播间通过丰富的肢体语言展示来吸引粉丝

2. 趣味段子大放送

主播在直播间可以向粉丝讲段子，段子具有使人开心、愉悦的功能，能够调节直播间的气氛，让粉丝更快地融入直播间的氛围，避免粉丝在进入直播间没多久就退出直播间的现象出现。

另外，通过一些趣味段子放送，可以让新关注主播的粉丝尽快熟悉主播，避免出现粉丝因刚入直播间不了解主播风格而不去与主播互动的情况。通过主播讲段子给观众和粉丝听，也可以塑造出主播爽朗的性格和形象，帮助主播更好地吸粉、留粉，让新粉丝快速变成老粉丝。

3. 人生经历引共鸣

主播可以通过向粉丝分享自己的人生经历来引发粉丝共鸣，从而活跃直播间的气氛。这种方式有以下 3 种作用。

（1）获取粉丝的同理心：当主播分享自己的人生经历时，粉丝如果有相同或者类似的经历，就会产生同理心，主动与主播互动，从而避免直播间出现冷场的局面。

（2）新粉丝刚进入直播间时，对主播非常陌生，这时就需要引起粉丝的共鸣。粉丝通过倾听主播的人生经历，可以迅速熟悉主播、接受主播。

（3）让新粉丝带新粉丝：主播通过展现丰富的肢体语言、讲段子等互动方式，会获得一批趣味相投的粉丝，而这些新粉也会让他们的朋友或者家人来关注主播。

需要注意的是，由于服装直播的主要粉丝人群是宝妈和学生，主播在分享自己的人生经历时，最好分享与这两类人群相贴近的内容。

主播切记，不管是分享话题，还是分享内容，话题和内容都必须积极向上、充满正能量，以自己在人生经历中的所感所悟为主。主播要拒绝输出负面能量，严禁敏感话题。

4. 随机抽奖、奖品设置

随机抽奖和奖品设置最能活跃直播间的气氛，常见的互动方式是点赞、截屏抽奖以及抽半价、免单活动，通过这种方式来拉近主播与粉丝的距离。同时设立活动奖品，也能够吸引粉丝在直播间停留、互动。

对大部分观众、粉丝来说，他们可以出入不同的直播间，而主播通过设置抽奖、送礼等活动，可以让观众、粉丝的停留时间增加。图 10-36 所示为在直播间通过随机抽奖、奖品设置活动来吸引粉丝的关注，增加粉丝的停留时间。

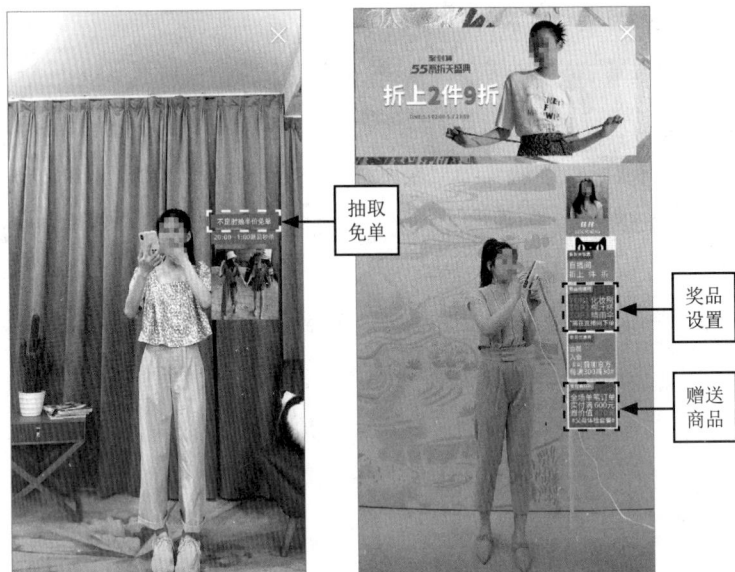

图 10-36　直播间里的随机抽奖、奖品设置活动

主播可以运用多种互动方式，让粉丝感到在这个直播间有归属感，使他们长时间在这个直播间逗留。在之后的直播时间段里，就可以拉升粉丝的同时在线人数，有机会获取更多的用户关注，使得直播间的人气爆棚。

5. 明确直播主题

主播在直播前就要确定好自己的直播主题，这样在开始直播时，就可以直接进行直播主题演讲，也能通过演讲主题来引发粉丝的交流兴趣，从而快速吸引粉丝的注意。

主播在每次直播前，需要根据主题列好活动大纲，之后再根据活动内容来准备材料，这样才可以避免在直播过程中漫无目的、随意地找话题，让粉丝感觉主播不够专业。

作为一名服装直播销售主播，需要明白自己不仅在销售商品，还要和粉丝互动，这样才可以让粉丝产生兴趣，对主播产生一定的黏性。

第11章

销售心得：直播间产品
销售的万能公式

　　服装主播在进行直播销售的过程中，最终目的就是可以将商品销售出去，而想要打动观众和粉丝的心，让他们愿意下单购买，就需要学会、掌握一些直播间产品销售的万能公式。本章将分享关于主播形象和直播销售的相关信息，从而帮助读者更好地进行直播销售工作。

11.1　主播身份开始转变：加快吸引粉丝速度

直播销售是一种通过屏幕和粉丝交流、沟通的职业，它必须依托直播方式来让粉丝完成购买行为，由于这种卖家和买家的关系，使得主播和粉丝之间的关系在一定程度上比较特殊。电商主播会更加注重建立和培养他们与粉丝之间的亲密感。

只有在整个直播销售过程中形成强烈的亲密感，主播才能有机会和粉丝建立起信任桥梁，从而让粉丝放心地购买商品。由此，在环境的需求下，主播的形象也需发生转变，以便更好地进行直播销售工作。

11.1.1　主播不再冷冰冰，变成邻家的好朋友

服装销售主播要明白，观众和粉丝是有一定的需求才进入直播间观看自己直播的。在这种背景之下，大部分观众不希望看到一个冷冰冰的服装主播在进行服装介绍和推销工作。

主播必须意识到，观众和粉丝是一个个现实中活生生的人，他们的情感感知能力非常强，在看到主播的前几秒，就会因第一印象而选择留下来或者退出去。

第一印象形成的感觉，对粉丝来说，常常有着决定性的影响。出于人类趋利避害的原始本能，以及现代社会人类对情感的需求，使得大部分人愿意亲近看起来无害的人，或者说在日常生活中比较熟悉的人。

正是这种需求的存在，主播在直播封面上一般会展现出"邻家小妹"或者调皮、可爱等容易吸引观众好感的风格。图 11-1 所示为主播偏可爱风格的直播封面。

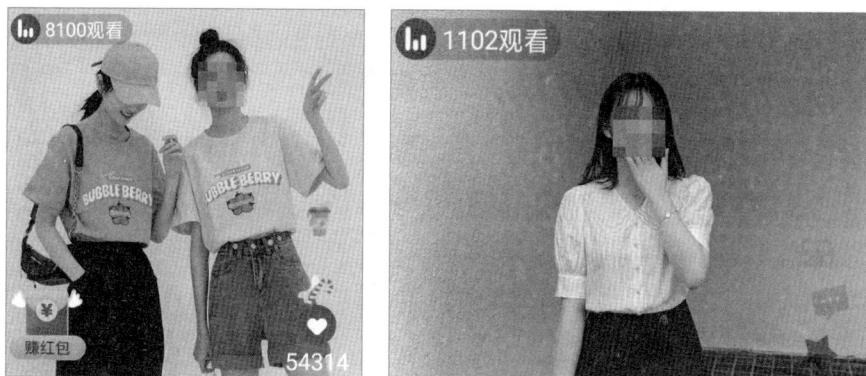

图 11-1　主播偏可爱风格的直播封面

　　除此之外，主播在进行直播的过程中，所呈现的状态也是自然、平易近人的，这种状态大多偏亲切感，能够让粉丝感觉正在直播的主播就是自己身边随处可见的朋友。图 11-2 所示为主播在直播间表现出亲切、自然的一面。

图 11-2　主播在直播间表现出亲切、自然的一面

　　高冷的主播形象已经很少在电商直播中出现，现在的主播都希望自己的形象

可以更加符合粉丝的眼缘或者喜好取向。随便进入一个服装直播间，都可以听到主播充满活力的话语，看到主播亲切的笑容。甚至部分主播的直播间在背景布置上，会着重营造出可爱、居家生活的风格，如图 11-3 所示。

图 11-3　在直播间可爱、居家的背景画风

　　主播不再是冷冰冰的推销机器，他们的形象渐渐变成更加亲切，他们会和粉丝进行实时的信息沟通，及时地根据粉丝的要求来进行服装展示，或者回答粉丝提出的有关问题、实时指导粉丝进行操作。图 11-4 所示为主播在直播过程中，与粉丝实时沟通、互动的情景。

　　纵观大部分的直播过程，可以发现主播大多以朋友的口吻来进行商品销售。而粉丝往往可以看到主播耐心指导或者搞怪、卖萌、吐槽的一面，这种生活化、日常化的行为举止，能引起粉丝的好感，拉近双方的距离。

图 11-4　主播用手机实时与粉丝沟通、互动

11.1.2　了解主播新趋势，协助直播工作开展

对现在的直播行业来说，主播想和粉丝建立起亲切、自然的朋友关系非常难，也非常容易。说难是因为任何人在和别人的交往过程中，总会有一点社交距离；说容易是因为直播销售这种工作所带来的社交关系正在普遍化。

粉丝对主播的警戒门槛正在不断地降低，越来越多的主播被粉丝当成他们的朋友或者私人的购物助手。这种现象使得主播这一职业发生了不同程度的变化，对现在的直播主播来说，基本呈现如下 3 种趋势。

1. 颜值不再是唯一

一般人认为，主播的外在形象必须非常好才行，也就是具有高颜值。的确，高颜值的主播更容易吸引观众的注意力，获得观众关注。

直播销售作为一种主播在线上向观众推销产品的销售方式，商家无疑需要主播形象靓丽、青春、有活力，这样可以更好地展现产品，从而使直播间的销售工作更好地进行。

对于主播的颜值，一些主播的招聘条件，要求来应聘主播的人，五官出众、气质出众，在直播宣传封面中能用非常美丽的图片来吸引用户的点击，进入直播间。图 11-5 所示为高颜值主播形象的直播宣传图。

图 11-5　高颜值主播形象的直播宣传图

随着高颜值主播形象的泛滥，观众出现了轻微的审美疲劳，主播的高颜值已经不再是唯一能吸引观众点击、粉丝关注的点了。

相比于高颜值的外表，越来越多的人开始希望遇到一个有趣的主播，所谓"好看的皮囊千篇一律，有趣的灵魂万里挑一"，这表明观众开始注重个人的内在形象。

由此，直播间的主播形象不再以颜值为唯一标准，有个性、有特色的主播照样能吸引粉丝的关注，这成为直播行业的一个趋势。图 11-6 所示为主播展现个性的直播封面。

当顾客进入直播间后，更加希望看到的是一个有趣的主播。如果说漂亮的宣传图是吸引顾客点击进入直播间的钥匙，那么想让顾客留在直播间继续看下去，就需要主播有有趣的灵魂。

除此之外，想要粉丝完成购买行为，对服装主播来说，最重要的是向顾客、粉丝展示服装，引起粉丝共鸣，让粉丝觉得自己和主播是一体的。

在现在的服装直播销售板块，开始进入一批妈妈爸爸年龄段的顾客。对这群消费者来说，很少会要求主播的外在形象出众。他们更加需要的是和他们一样年龄级别的主播形象，这样才能让他们有信任感。图 11-7 所示为直播平台服装类别下的爸妈潮装板块主页。

图 11-6　主播展现个性的直播封面

图 11-7　直播平台服装类别下的爸妈潮装板块主页

2. 充分和粉丝互动

现在直播间第二个趋势就是，机构和主播越来越注重和粉丝的互动情况，及时接收粉丝信息，及时回复粉丝的问题，时不时和粉丝聊聊闲话，已经成为每一个直播间主播的日常行为。图 11-8 所示为互动的方式和作用。

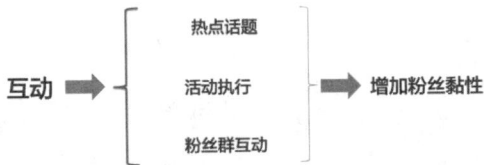

图 11-8　互动的方式和作用

这是因为，主播想要更好地拉近和粉丝之间的距离，在直播过程中就需要和粉丝充分进行互动，让粉丝感到被关注、被重视，从而增加粉丝对自己的黏性。

主播可以通过在直播过程中分享热点话题，让粉丝产生共鸣，或者在粉丝群里和粉丝聊天，这些有效的互动方式可以帮助主播和粉丝之间形成稳定的社交关系，提升双方的亲密度。图 11-9 所示为主播在直播时和粉丝进行互动。

图 11-9　主播在直播时和粉丝进行互动

3．表现具有亲和力

亲和力，是一种使人愿意亲近、愿意接触的力量。直播行业的第三个趋势就是需要主播培养自己的亲和力。这种亲和力可以在主播的言行举止中展现出来。例如，自信的笑容、随和的肢体语言等。图 11-10 所示为主播通过表情和肢体动作表现出亲和力。

图 11-10　主播通过表情和肢体动作表现出亲和力

对电商直播来说，亲和力尤为重要，它可以无形间拉近主播和粉丝的距离，使他们自发地亲近主播。打造自己的亲和力，有利于和粉丝形成稳定的信任关系。

当主播变得更加亲切、平易近人后，粉丝对主播的信任和依赖会逐渐加深，也会开始寻求主播的帮助，借助主播所拥有、了解的服装信息和资讯，使自己树立起更好的外在形象。

11.2　适合直播的销售法：无形提高直播权重

　　服装主播在销售过程中，为了提高产品的销量，会采取各种各样的方法来达到自己的目的。但是，随着步入直播行业的主播越来越多，每一个人都在争夺流量，想要吸引粉丝、留住粉丝。

　　毕竟，只有拥有粉丝，才会有购买行为的出现；只有拥有粉丝，才可以保证直播间的正常运行。在这种需要获取粉丝流量的环境下，很多主播开始延长自己的直播时间，以此获得更大的曝光率，被更多的观众看到。很多机构也开始采用多位主播来轮岗直播的方式。图 11-11 所示为直播间的超长直播时长。

图 11-11　直播间的超长的直播时长

　　长时间的直播对主播来说，是一件非常有挑战性的事情，因为主播在直播时，不仅需要不断地试穿衣服，还要积极地调动直播间的氛围，同时需要及时地回复顾客、粉丝所提出的问题，这种非常忙碌的状态会让主播感到压力很大。

在这种情况下，主播就需要做好自己的情绪管理，保持良好的直播状态，使得直播间一直保持积极、良好的氛围。除此之外，主播想提高自己的带货能力、提升商品转化能力，就需要找到适合自己的直播销售法。

11.2.1　做好情绪管理，保持良好的直播状态

主播要想成为一名大主播，就需要学会情绪管理，如果主播不能进行自我情绪管理，那么无论其销售能力多么强，都难以获得顾客的信任。

在直播销售过程中，粉丝和主播之间是以商品和主播自身魅力作为一种强有力的纽带来连接的，而信任则是连接的桥梁，连接的强弱就表明粉丝对主播的忠诚度的高低。如果敏感型的主播一直不能进行自我情绪管理，就很容易在与粉丝的相处过程中，消磨、丧失粉丝对自己的信任感和忠诚度。图 11-12 所示为情绪维度分析。

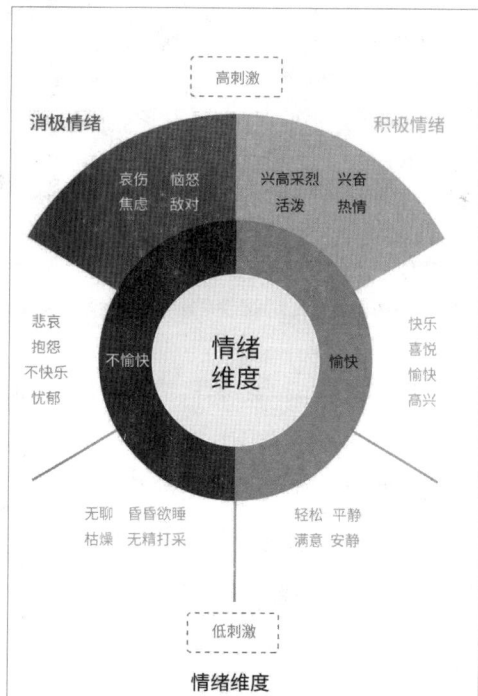

图 11-12　情绪维度分析

在直播时，主播需要时刻展现出积极向上的状态，这样可以感染每一个进入直播间的粉丝，同时也利于树立起主播积极的形象。

如果主播的状态低沉，情绪不佳，就很难去吸引正在观看直播的顾客和粉丝来购买自己推荐的商品，甚至会使得这些粉丝退出直播间，进入其他的直播间观看直播。这种行为无疑是在减少自己的粉丝数量。图 11-13 所示为直播间的主播情绪不佳，顾客和粉丝的情绪也会受到影响。

图 11-13　主播的不良情绪会影响顾客和粉丝的情绪

另外，主播可以根据不同类型的顾客和粉丝来进行自己的情绪管理。了解那些进入直播间观看直播的顾客和粉丝类型，学会根据不同的粉丝类型，有针对性地进行沟通和互动，就会更加有效地得到想要的效果。

在直播中，主播常常会碰到各种类型的顾客和粉丝，这些顾客和粉丝由于自身的原因，在看待事情的角度、立场上常常是截然不同的，此时就要求主播在服装销售过程中，有针对性地进行引导。图 11-14 所示为进入直播间的顾客和粉丝类型。

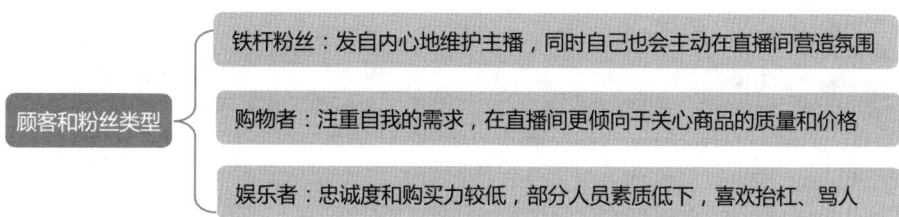

图 11-14　进入直播间的顾客和粉丝类型

在面对自己的铁杆粉丝时，主播的情绪管理可以不用太苛刻，适当地向他们表达自己的烦恼、宣泄一点压力反而会更好地拉近和他们之间的关系。

消费者类型的顾客一般以自我需求为出发点，很少会看重主播的"人设"或其他，只关心商品和价格，在面对这类顾客和粉丝时，就需要主播展现出积极主动的情绪，解决他们的疑惑，同时要诚恳地介绍商品。

娱乐者类型的顾客和粉丝中有一些素质较低，他们以宣泄自己的负面情绪为主，会在直播间和主播抬杠，并且以此为乐。这时，主播进行自我情绪管理，对他们表示忍让是没有意义的，可以在向其他粉丝表示歉意后，请"场控"帮忙处理。

11.2.2　贴近粉丝群体，提升直播转化的能力

在直播间顾客可以直接观看产品，并在主播的介绍下了解产品。这种现象打破了常规的通过看商品图片来购买商品的网购的局限性，增强了顾客的购物体验。

在直播间，商家和主播除了需要展示商品的卖点，还需要适当地发挥主播的个人优势，利用一些直播技巧来调节直播间的氛围，从而增加顾客和粉丝的信任和关注黏性。

1. 提升粉丝活跃度

积累粉丝是一个困难的过程，而激活粉丝更是一大难题。因为有些粉丝可能是偶然或者一时兴起点了下"关注"。他们大多在关注之后就进入了"沉睡"状态，那么这些粉丝就变成了无效流量。

为了避免失去这类粉丝，主播就需要学会提高他们的活跃度。那么如何提高

粉丝的活跃度呢？读者可以掌握如下 3 点。

（1）价值输出

主播能让粉丝实现价值，是激活粉丝的关键。只有粉丝通过主播找到了所需要的价值，才能激发粉丝一直关注主播的动态。也就是说，作为服装销售主播，可以提高自己的穿搭技巧，同时了解不同体形的搭配技巧。

（2）利益唤醒

主播可以适当地向粉丝提供一些利益，让粉丝免费获得一些好处，毕竟大多数人都乐意什么都不用做就可以获得一定的好处。所以，利益驱动是提高粉丝活跃度的重要手段。例如，主播可以在直播间举行不定期的促销活动、发放免费红包或者免费赠送礼物等。图 11-15 所示为直播间的"五一"促销活动和发红包活动。

图 11-15　直播间的"五一"促销活动和发红包活动

虽然主播在直播间对粉丝进行利益唤醒、福利发放，是激活粉丝活跃度的有效方法，但也要注意福利发放的频率，如果太过频繁，那么很容易无法把控局面。

（3）保持互动

互动是提高粉丝活跃度的重要途径，当主播积极回应粉丝的信息时，可以立刻拉近和粉丝之间的距离。就像在微博上，当粉丝在博主微博下留的评论被博主回复时，会立刻获得粉丝的关注以及其他路人的关注。

主播不要放弃和粉丝对话、沟通的机会，因为大部分粉丝渴望对话。主播在直播中可以和粉丝分享自己的生活，回复粉丝的问题，适当地向粉丝寻求帮助，这些做法都可以让双方之间更加亲近和熟悉。图 11-16 所示为直播过程中主播对粉丝提出的问题进行回复。

图 11-16　在直播过程中主播对粉丝提出的问题进行回复

2. 增加粉丝亲密度

粉丝亲密度是指粉丝和主播之间互动的频率指数，增加粉丝亲密度可以有效地积累和转化粉丝，有效提升主播和粉丝之间的互动数值。粉丝进入某一个主播的直播间后，通过完成不同的直播间任务来获取和主播的亲密度数值，达到规定的亲密度分值后，就可以升级为不同等级的主播粉丝。图 11-17 所示为粉丝亲密度的等级数据。

对应等级	等级数量	分值区间
新粉	★★★	0~499
铁粉	★★★★	500~1499
钻粉	★★★★★	1500~14999
挚爱粉	★★★★★★	15000+

图 11-17　粉丝亲密度的等级数据

　　对粉丝来说，获得的积分越多，其在这个主播粉丝中的等级就越高，粉丝亲密度上去后，粉丝可以享受直播间的商品的权益也就越大。

　　主播可以自行设置粉丝亲密度的规则，当粉丝遵守这些规则后，粉丝就能增加和主播之间的亲密度。这种设定有点像实体店铺的会员折扣，让经常关注店铺的粉丝获得一些优惠。

　　设置粉丝亲密度规则可以促使粉丝为了一直得到优惠而更加关注店铺动态，相当于一个良性循环。主播可以通过设置"每日任务"，让进入直播间的粉丝去完成它们，来增加粉丝的亲密度。图 11-18 所示为主播设置的亲密度规则。

图 11-18　主播设置的亲密度规则

3. 构建让粉丝"眼见为实"的场景

随着更多的人进入服装直播行业，店铺和店铺之间、主播和主播之间的竞争也在加强。主播如果想让自己的直播间脱颖而出，最好建立起让粉丝"眼见为实"的购物场景。

这种场景可以满足粉丝想全面了解商品的想法。除此之外，主播可以在这种场景中利用一些销售技巧来获取粉丝的信任，让粉丝放心下单购买。在直播销售时，主播需要掌握如下 4 点技巧。

（1）推荐商品时要有信心

主播在直播过程中，向粉丝推荐服装时，最好可以充满自信地介绍商品，这样能让粉丝对主播产生信任感。

如果主播在推荐服装的时候，肢体语言没有表现出对自己、对商品的自信，就很难让粉丝对商品产生信任，粉丝自然就不会想去了解主播推荐的这款服装。图 11-19 所示为左侧主播的肢体状态相比于右侧主播，很难让观众产生好感、信赖。

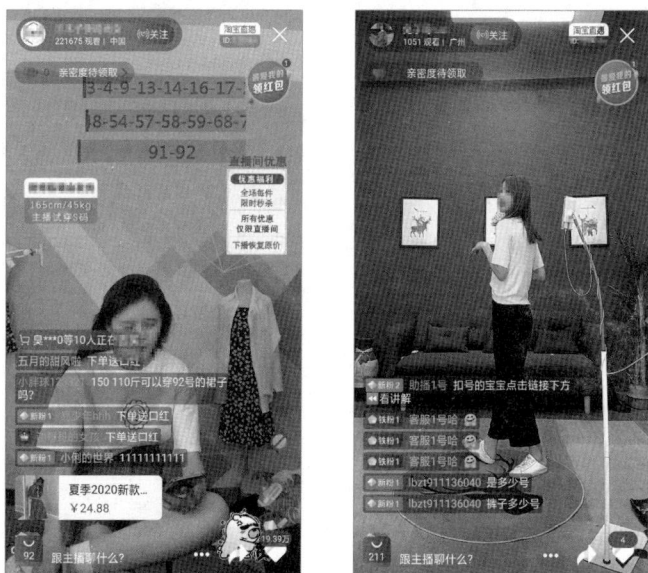

图 11-19　主播在直播时呈现的状态会影响粉丝的想法

（2）推荐商品时要用手势配合

主播在推荐服装时，可以适当地配合肢体语言，这样不仅可以使自己在介绍服装时形式更丰富，也可以吸引粉丝的注意力，让他们更加认真地观看主播进行商品介绍。图 11-20 所示为主播在进行服装直播销售时，配以手势。

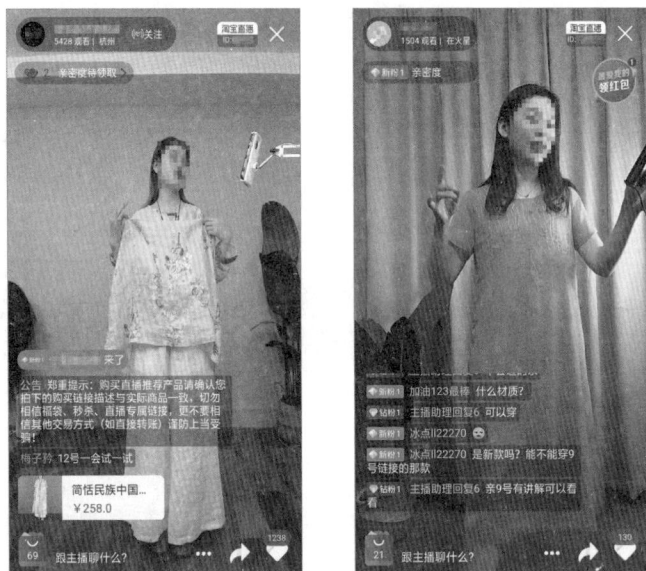

图 11-20　主播在进行服装直播销售时，配以手势

（3）着重强调服装的特征

主播在向粉丝介绍服装时，可以着重强调服装的特征，通过这种强调，让顾客对服装的款式、设计产生印象，从而愿意了解这款服饰或者想购买这款服饰。图 11-21 所示为主播在直播时强调服装的特征。

图 11-21　主播在直播时强调服装的特征

（4）把话题集中在服装商品上

作为服装销售主播，在直播间面对自己的粉丝时，可以通过粉丝发送的弹幕进行实时的聊天、沟通。这时，主播应该把话题集中在服装商品上，这样可以让自己的形象更加专业，也能保证直播时粉丝的专注氛围。

11.3　服装直播销售技巧：让销售额暴涨 10 倍

如今的服装直播行业发展越来越繁荣，在淘宝直播平台上每天都有直播间处于开播状态，同时每天都有新的主播加入服装直播行业。作为观众或者粉丝，不管是看谁的直播，或者在谁的直播间购买商品，他们都拥有众多的选择和绝对的选择权。

尤其是，直播销售是一种需要观众、粉丝掏钱购买商品的模式，而主播要想让粉丝愿意观看自己的直播，愿意在自己的直播间花钱购买商品，并一直关注自己，成为忠实粉丝等，并不是轻而易举就能实现的。

主播不可能轻易就让观众、粉丝愿意留在直播间，也并非一味地向观众、粉丝展示服装有多么好，就可以让观众、粉丝下单购买。在这种情况下，主播想成功拥有一批核心粉丝，想要在直播销售行业中顺利发展，就需要学会拥有自己直播销售的万能销售技巧。

合理的销售技巧在一定程度上不仅能帮助主播留住粉丝，更能提升主播的销售额。本节主要介绍直播间的一些万能销售技巧，从而帮助主播更好地在服装直播销售行业发展。

11.3.1　给粉丝"讲故事"，让粉丝感同身受

现在的直播销售行业有一点恶性竞争的苗头，为了更好地吸引粉丝的流量，使粉丝下单购买商品，商家和主播开始通过降低商品价格来争抢粉丝。

当粉丝在直播间向主播提出疑问，"为什么你卖的商品价格比别人高？"面对这种问题，主播怎么回答才好？这时，主播可以通过学会"讲故事"来回答该问题。在讲故事的过程中，让粉丝感同身受，自己去理解其中的道理，从而潜移默化地打动粉丝的心。

如何讲故事？首先应该从主播的亲身经历入手。想给粉丝讲一个好故事，必须要有一个吸引人的开头。如果直接讲自己的想法，不做一点铺垫，只怕没什么人能听得下去。然后引入问题，主播可以讲现在直播行业的现状，让粉丝一起来分析这个现状可能会造成的结果，这些现状和结果最好和粉丝联系起来，使粉丝觉得这些和自己是有密切关系的，很可能使自己的利益受损。

例如，在服装直播中，主播采取的压价行为，虽然暂时让粉丝用便宜的价格买到了商品，但其实最后利益受损的还是粉丝。

因为消费者都在压价，带来的后果就是商家需要节约成本，而想要达到节约成本的目的，只能对商品的材料进行替换。这样一来，消费者之后再想购买同款商品，收到的商品质量可能会有所下降。

11.3.2　把故事"演出来"，让粉丝产生共鸣

当主播把故事讲出来后，还需要把故事演出来，从而让粉丝产生共鸣，需要

注意的是，在演的过程中，需要不断地向粉丝传递某个信息，例如，在我的直播间，卖的商品就是价位较高的，但商品之所以贵是因为它值得这个价位，同时能给顾客好的穿着效果，是为顾客着想。

在日积月累的影响中，你就会让粉丝形成一个理念，这个直播间的东西，都是值得购买的好东西！贵不贵不重要，重要的是质量好、耐穿。

从上述可以看出，主播想向粉丝传递自己的理念，不能每天都采取一种形式向粉丝强调自己商品虽然价格高，但是性价比高。必须注意形式的丰富性，不仅会讲故事，还要会演故事。

同时，主播在表达自己观点的时候，最好采用一些和粉丝日常生活贴近的有类比性的例子，只有这样才能让粉丝在对事例产生共鸣后，迅速对观点认可。

11.3.3 不断强调你的"人设"，让粉丝对你信服

"人设"一直是吸引粉丝的法宝，当主播树立起自己的"人设"后，不仅需要不断地向粉丝强调自己的"人设"，更重要的是让粉丝相信自己的"人设"。

想让粉丝对自己的"人设"信服，主播可以在直播间通过肢体语言向粉丝表现出自己的性格和形象。此外，还有一个更简单的方法，就是主播自己"说"出来。

例如，主播可以在直播间对观众和粉丝说："这周的服装销售额要做到全网第一""我要成为在直播榜上排名前三的主播"等。

这样可以让粉丝感觉，这种充满斗志和信心的人就是自己想成为的那种人，于是决定要向主播学习，和主播一起成长、进步，让粉丝感觉支持这位主播，就是在支持自己。

当然，主播要明白的一点是，强调"人设"的目的在于，你所树立的"人设"会让粉丝更加喜欢你。同时，主播在直播间的肢体行为表现要符合自己的"人设"，要让粉丝觉得主播在说话时所表现出来的风格和主播在直播间表现出来的模样是相贴近、契合的。图 11-22 所示为相似的肢体动作，显示出不同的"人设"。

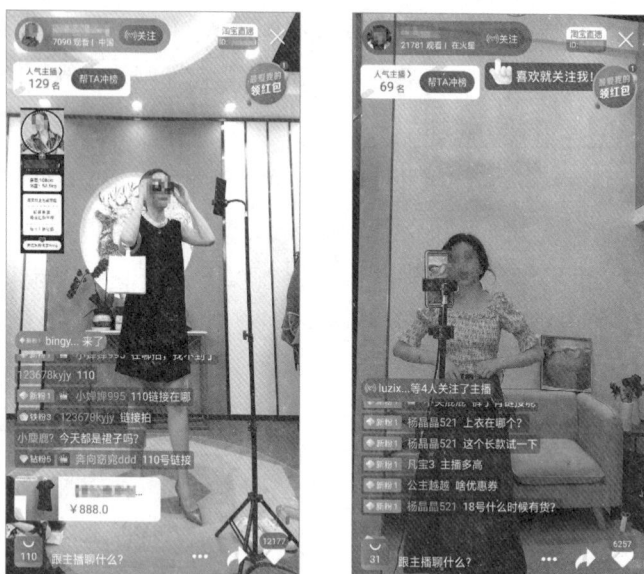

图 11-22　相似的肢体动作，展现出不同的"人设"

这样会让粉丝对主播所传递的信息更加信服，也会让粉丝感受到主播的真实，继而产生信赖，再演变成依赖，从而让粉丝最后"锁定"主播的直播间。

当然，主播在向粉丝表述自己观点的时候，内容和方式可以多种多样，如主播的个人喜好、穿搭技巧等，都可以作为切入点。

11.3.4　灌输个人价值观，让粉丝产生崇拜感

当有些主播在向观众、粉丝通过讲故事的方式表达自己的理念和观点时，为什么会有一种"洗脑"的即视感？

这是因为，一名优秀的主播应该可以控制整场直播的节奏，让粉丝跟随自己的节奏走，而更优秀的主播，会向粉丝灌输自己的价值观。

例如，主播通过一系列的价值观输送，向粉丝表明的信息就是，你可以说我卖的商品贵，但是你会明白它为什么那么贵，它贵是因为它值得，并且从性价比的角度来看，甚至是超值的。

11.4　主播是优秀的推销员，让商品转化率激增

直播销售主播实际就是一名优秀的推销员，而作为一名直播商品推销员，最关键的就是获得观众的流量，从而让直播间商品的转化率激增。

如果不能提高直播间的转化率，即使主播每天夜以继日地开播，也很难获得满意的结果。本节主要介绍如何获得观众的流量以及提升商品转化率。

1. 主播的情绪

主播的情绪对于转化率是非常重要的。主播要明白，直播销售决定了它不是一项娱乐性质的工作，只有可以带货的主播才是这个行业所需要的主播。

要想成为大主播，就得先让自己成为一名优秀的推销员，在向粉丝讲解商品的时候，要声情并茂，而不是冷淡、面无表情。因为主播的情绪会影响商品转化率，没有好情绪，就不会有好的转化。

2. 专业的知识

主播需要对自己推销的商品足够专业，了解自己在卖什么，掌握商品的相关信息，这样自己在直播过程中才不会出现无话可说的局面。

服装主播可以学习最近的流行搭配和流行颜色，甚至可以了解美妆护肤的知识，以丰富自己的知识和人气，这样才能更好地获得粉丝的流量。

3. 每日出爆款

爆款的意义，就是帮助主播促使顾客在短时间内关注、转粉、实现下单。比如在直播间设置商品活动、新品限时优惠活动等，如图 11-23 所示。

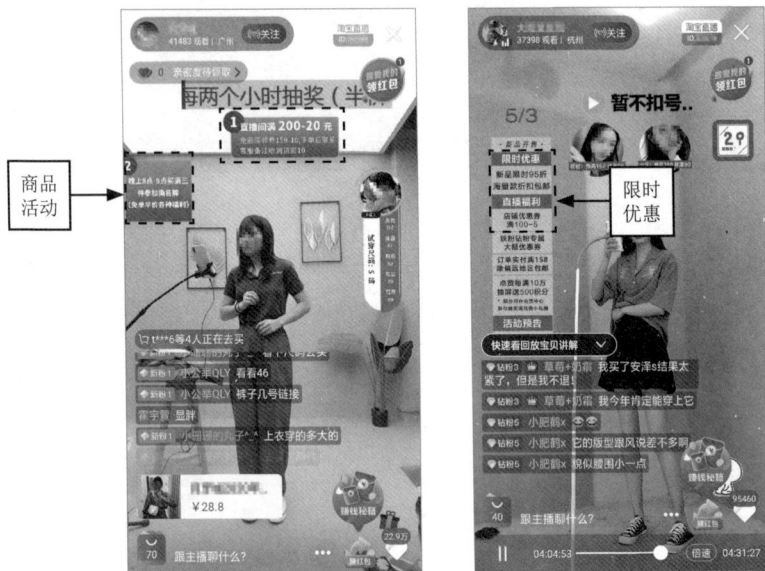

图 11-23　在直播间设置商品活动、新品限时优惠活动

这种特价款要能够吸引粉丝的眼球。主播在向粉丝讲解时，也需要强调这款服装仅这一次特价活动，错过就没有了。这样可以促使顾客下单购买，或者选择观看直播，等待这个爆款优惠活动的到来。利用这种方法可以获得顾客的流量。

主播需要注意的是，不要在直播的标题中直接显示特价或者秒杀信息，最好为观众营造一种有期待感的秒杀，它会使粉丝有一种既期待又紧张的兴奋心情，从而更加期待下一次类似的活动。

4. 记住粉丝喜好

主播要学会认识自己的粉丝，最好记住他们的喜好，有针对性地向其推荐、介绍商品。主播在粉丝数量较少的时候，把自己的核心粉丝维护好了，一样可以提高商品的转化率。

11.5　认识和了解粉丝群体，认清未来商业模式

粉丝（英文：fans），也可以称为追星一族。简单来说，就是对明星或者有影响力的人产生崇拜心理的人群，粉丝群的年龄层次大多较年轻化，一般有着追逐时尚、流行的心态。

1. 粉丝产业

"粉丝"属于一种稍显疯狂的偶像崇拜者，而在现实生活中，"粉丝"在对偶像的狂热精神投入中，往往伴随一系列同样疯狂、稍显夸张的消费行为。

这种行为已经扩展到社会各个领域，由此形成了一个巨大的新兴产业：粉丝产业。造成粉丝产业如此繁荣发展的重要因素就是，粉丝会购买自己所追随的对象在公众场合或者日常生活中相关联的产品。

比如，明星喜欢吃的食物、喜欢用的产品等，不一定是明星代言的，但是粉丝仍然会为此产生消费行为。图 11-24 所示为粉丝群体的心理需求层次。

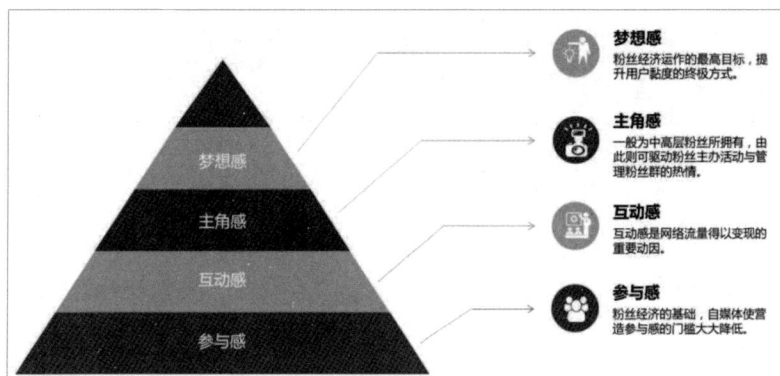

图 11-24　粉丝群体的心理需求层次

2. 粉丝经济

粉丝经济一般指构架在粉丝和被关注者的关系之上的一种经营性的创造收入

的行为，是依靠提高用户黏性，以口碑营销形式来获得经济、社会效益的一种商业运作模式。

粉丝经济最开始涉及的人群大多是明星、偶像，比如购买明星代言的商品，购买歌手的音乐专辑、演唱会门票，甚至购买明星、偶像所喜欢的商品。现在，随着互联网的高速发展，互联网突破了时间、空间的束缚，拉近了粉丝和偶像间的距离，粉丝经济被大规模地运用在娱乐文化、销售商品等众多领域。

商家在一定的平台背景下，通过兴趣来联络人群，形成粉丝圈或者朋友圈，给这些用户提供多样且个性化的商品和服务，从而使这些粉丝用户产生消费行为，让商家实现盈利。图 11-25 所示为商家实现粉丝经济的步骤。

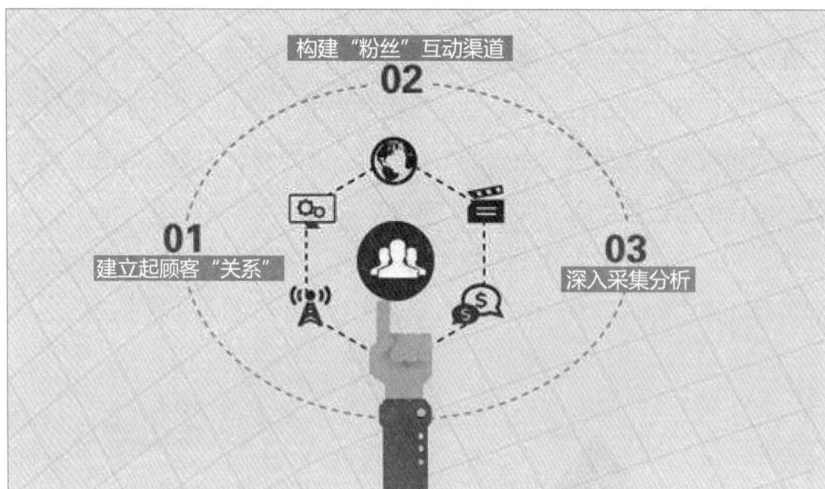

图 11-25　商家实现粉丝经济的步骤

目前，整个社会的消费模式早已发生了巨大的变化，大众的消费模式已经开始从"需求消费"逐渐向"追求消费"过渡。例如，在对消费者对某款化妆品的购买缘由进行收集、调查时，发现有 7 成以上的消费者是出于品牌代言人的原因进行购买的。由此可以知道"追求消费"的力量之巨大。

另外，现在只要以精神、情感、态度追求为核心的新消费经济就叫粉丝经济，粉丝经济的用户范围远比大众想象的范围要更加广阔。不仅年轻的群体可以产生粉丝经济，只要有自己内心的追求和内心的需要，中年、老年群体也可以产生粉丝经济，即使在部分人看来，他们是有着成熟的价值观、稳定收入的群体。

物质经济以消费的需求为动力，粉丝经济则以消费的追求为动力，从"需求"到"追求"的转变中可以知道，粉丝经济一定会给经济带来新的驱动力。图 11-26 所示为粉丝经济构建新的商业模式。

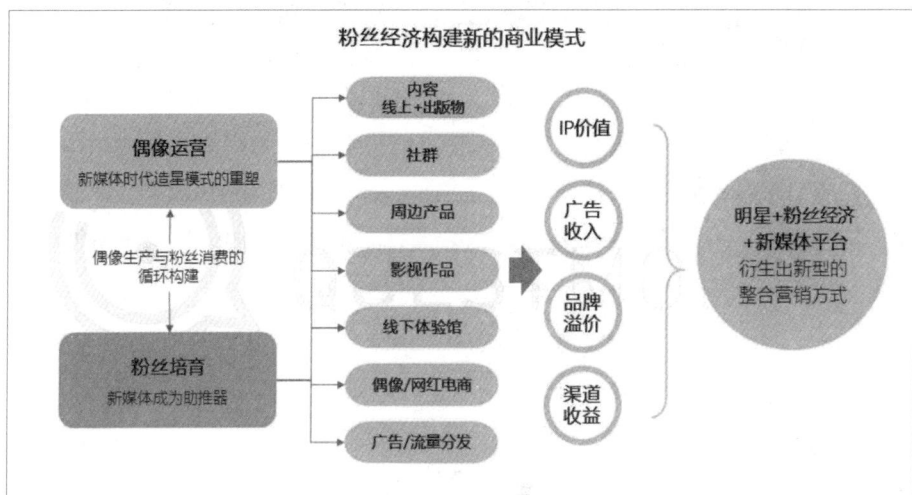

图 11-26　粉丝经济构建新的商业模式

原先，商家把生产方和消费方隔离开来，利用自身的信息优势和特有的定价权把生产方和消费方之间的距离拉开，这种行为产生的现象，也正是传统商业和经济在现代的一个弊端。

粉丝经济的特征和表现，与传统商业模式相比，刚好呈现一种反抗的模式，它主要依靠一群有着消费体验追求的粉丝在背后支持。粉丝不仅是消费者，更是广大消费者群体中的意见代表。

对从事服装直播销售的主播来说，想获得粉丝的心，就必须明白什么是粉丝最关注的信息点，哪些方面可以吸引粉丝一直追随。图 11-27 所示为粉丝的引力法则。

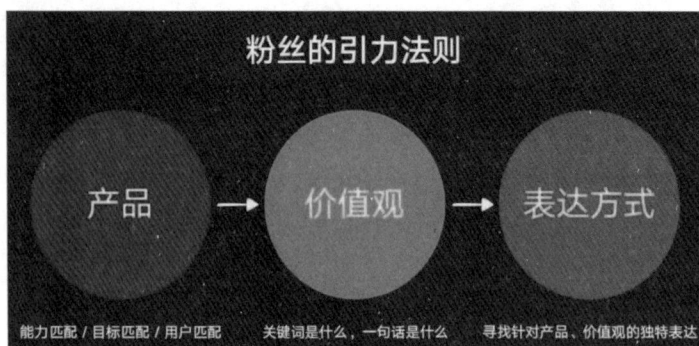

图 11-27　粉丝的引力法则

　　直播销售需要粉丝来购买商品，也必须依靠粉丝来提高直播间的流量注入，实现商品的销售。可以说，没有粉丝，就没有流量，更不用谈什么带货销售。图 11-28 所示为粉丝经济中的粉丝类型。

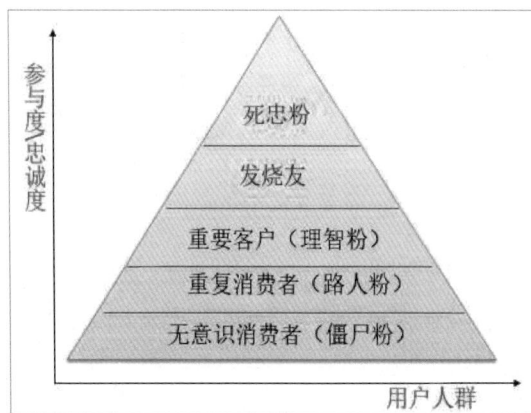

图 11-28　粉丝经济中的粉丝类型

　　在直播行业中，吸粉引流一直是所有个人、商家、企业都非常关心和关注的话题，可以说，在互联网时代，谁获得粉丝，谁就可以获得流量，从而获得巨大的经济效益。主播也要明白，只有抓住粉丝，才能获得流量，才可以进行后续的销售流程。

　　不管是传统企业还是个人商家，都开始向互联网经济、粉丝经济转型和升级。由此，作为互联网经济下的服装直播销售主播，更加要利用自己已有的优势，学会把顾客变成自己的粉丝。

3. 粉丝营销

粉丝营销是一种网络营销方式，代指现在企业通过旗下的产品或者本身自有的知名度，把购买自己产品的消费者群体作为粉丝群体来对待，利用粉丝所具有的互相传递信息、互相引导的特征，来实现企业营销目的的商业理念。图 11-29 所示为粉丝营销的 3 个优势。

图 11-29　粉丝营销的 3 个优势

由上述内容可知，在迅速发展的互联网环境下，随着新的商业模式不断出现，新一轮的风口已经来临，就看谁可以在以精神、情感、文化为核心的粉丝经济和互联网新经济的发展中获得先机。

读 者 意 见 反 馈 表

亲爱的读者：

感谢您对中国铁道出版社有限公司的支持，您的建议是我们不断改进工作的信息来源，您的需求是我们不断开拓创新的基础。为了更好地服务读者，出版更多的精品图书，希望您能在百忙之中抽出时间填写这份意见反馈表发给我们。随书纸制表格请在填好后剪下寄到：北京市西城区右安门西街8号中国铁道出版社有限公司大众出版中心 张亚慧 收（邮编：100054）。或者采用传真（010-63549458）方式发送。此外，读者也可以直接通过电子邮件把意见反馈给我们，E-mail地址是：lampard@vip.163.com。我们将选出意见中肯的热心读者，赠送本社的其他图书作为奖励。同时，我们将充分考虑您的意见和建议，并尽可能地给您满意的答复。谢谢！

所购书名：_____

个人资料：

姓名：_____ 性别：_____ 年龄：_____ 文化程度：_____

职业：_____ 电话：_____ E-mail：_____

通信地址：_____ 邮编：_____

您是如何得知本书的：

□书店宣传 □网络宣传 □展会促销 □出版社图书目录 □老师指定 □杂志、报纸等的介绍 □别人推荐
□其他（请说明）_____

您从何处得到本书的：

□书店 □邮购 □商场、超市等卖场 □图书销售的网站 □培训学校 □其他

影响您购买本书的因素（可多选）：

□内容实用 □价格合理 □装帧设计精美 □带多媒体教学光盘 □优惠促销 □书评广告 □出版社知名度
□作者名气 □工作、生活和学习的需要 □其他

您对本书封面设计的满意程度：

□很满意 □比较满意 □一般 □不满意 □改进建议

您对本书的总体满意程度：

从文字的角度 □很满意 □比较满意 □一般 □不满意
从技术的角度 □很满意 □比较满意 □一般 □不满意

您希望书中图的比例是多少：

□少量的图片辅以大量的文字 □图文比例相当 □大量的图片辅以少量的文字

您希望本书的定价是多少：

本书最令您满意的是：

1.

2.

您在使用本书时遇到哪些困难：

1.

2.

您希望本书在哪些方面进行改进：

1.

2.

您需要购买哪些方面的图书？对我社现有图书有什么好的建议？

您更喜欢阅读哪些类型和层次的理财类书籍（可多选）？

□入门类 □精通类 □综合类 □问答类 □图解类 □查询手册类

您在学习计算机的过程中有什么困难？

您的其他要求：